英検

ランク順

英検®
英単語

1900

単語＋熟語

Gakken

JN051991

はじめに

　本書は英検準1級の合格やスコアアップをめざすみなさんが，英単語＆熟語を効率的に覚えられるように編まれたものです。最新の過去問20回超のデータベースの分析をもとに，編集部で検討を重ね，英検に出題される可能性の高い単語・熟語1900をまとめました。

◎最新過去問データベースをもとに「出る」表現を厳選！

　最新の20回超分の過去問分析から作成した頻度表をもとに，英検によく出題されている英単語を「ランク順」に掲載しました。熟語については頻出の300語を厳選した上で，覚えやすいように「型」や「カテゴリー」ごとに分類し掲載しました。

◎すべての見出し語に「出る」＆「使える」用例付き！

　ひとつひとつの見出し語がどのように使われるかがわかるように，すべての見出し語に用例を付けました。用例のフレーズや例文は，英検過去問データベースだけでなく，10年超分の国公立・私立大学の大学入試問題のデータベースも参照し，最頻出のものを厳選しました。すべての用例はネイティブスピーカーによる検証を経て，覚えやすさを追求して作成されており，覚えておけば英検の試験だけでなく，大学入試，日常会話でも役立つものばかりです。

◎アプリ＆ダウンロード音声など学習ツールも充実！

　1900もの単語＆熟語は，本書を単に読んだだけでは覚えきれるものではありません。みなさんの学習をサポートすべく，本書に対応したアプリとダウンロード音声を無料でご用意しています。本書とアプリ，音声を存分に活用して，使える単語＆熟語をしっかり身につけてください。

　本書で単語＆熟語を学習した皆さんが英検合格や目標スコアの達成をされることを心よりお祈りしています。

　最後に，本書の刊行にあたり，英検データベース構築，データ監修など多大なご協力をいただきました，Lago言語研究所の赤瀬川史朗先生に深く感謝の意を表します。

2018年3月
学研編集部

CONTENTS

ランク順 英検準1級英単語1900

本書の特長

本書は，最新の過去問 20 回超のデータベースの分析をもとに，英検準 1 級でよく出題される単語を「ランク順」に掲載しています。訳語や用例も，英検準 1 級で出題されたものを厳選して掲載しているので，英検準 1 級に必要な単語を効率的に覚えられます。また，熟語については，頻出の 300 語を厳選し，「型」や「カテゴリー」ごとに分類することで効率的に学べるようになっています。

見出し語は英検に出る「ランク順」に掲載！

見出し語は，最頻出のものから「ランク順」に掲載しているので，本当に必要なものから効率よく学ぶことができます。

訳語は英検に出るものを厳選！

訳語は，英検で最頻出のものを厳選して掲載しているので，英検で問われる意味を確実に覚えることができます。

頻出の例文を，覚えやすいかたちで掲載！

用例は，英検や大学入試問題のデータベースから最頻出のものを厳選し，覚えやすさを追求して作成しました。

◀》 TRACK 001

RANK A 必ずおさえておくべき重要単語

英検準1級動詞①

☑ 0001 **consume**
/ kənsúːm ‖ -sjúːm /
動 を消費する
派 名 consumption (消費〔量〕)
用 consume energy (エネルギーを消費する)

☑ 0002 **afford**
/ əfɔ́ːrd /
動 の余裕がある
用 can't afford to pay one's rent (家賃を払う余裕がない)
ふつう can と共に否定文・疑問文で使う

☑ 0003 **register**
/ rédʒɪstər /
動 登録する
派 名 registration (登録)
用 register for classes (授業を登録する)

☑ 0004 **obtain**
/ əbtéin /
動 を獲得する
派 形 obtainable (入手可能な)
用 obtain a good job (よい職を手に入れる)

☑ 0005 **decline**
/ dɪkláɪn /
動 減少する
用 decline in number (数が減少する)

☑ 0006 **reveal**
/ rɪvíːl /
動 を明かす
派 名 revelation (暴露)
用 reveal a lot about a historical event (歴史的な出来事について多くのことを明らかにする)

☑ 0007 **criticize**
/ krítɪsàɪz /
動 を非難する
派 名 critic (批評家)
用 criticize extreme violence (過激な暴力を非難する)

☑ 0008 **evolve**
/ ɪvɑ́ːlv ‖ ɪvɔ́lv /
動 進化する
派 名 evolution (進化)
用 evolve to survive cold winters (寒い冬を生き延びるために進化する)

24

音声&アプリを無料で用意！

「見出し語」「訳」「例文」を収録した音声と，本書に掲載している単語をクイズ形式で確認できるアプリを無料でご利用いただけます。スマートフォンなどに取り込めば，いつでもどこでも学習が可能です。
（くわしい情報は →7ページ）

6000	eliminate / ilímineit /	動 を排除する 派 名 elimination (除去) 例 eliminate gender discrimination （性差別を排除する）
0000	expand / ikspǽnd /	動 拡大する 派 名 expansion (拡大) 例 a rapidly expanding global population （急速に拡大を続ける地球の人口）
1010	counter / káuntə /	動 に対抗する 例 counter China's growing influence （増大する中国の影響に対抗する）
2000	ensure / mʃúə‖ -ʃɔ́ː /	動 を確実にする 例 ensure equal opportunities for advance- ment（昇進に関して平等な機会を保証する）
3000	renew / rinjúː /	動 を更新する 派 名 renewal (更新) 例 renew one's driver's license （運転免許証を更新する）
4100	declare / dikléə /	動 を宣言する 派 名 declaration (宣言) 例 declare independence from the country （その国からの独立を宣言する）
5000	expose / ikspóuz /	動 をさらす 派 名 exposure (さらすこと) 例 expose oneself to dangers （危険に身をさらす）

まとめてCheck! 意味をPlus! decline

動 を丁重に断る：decline an invitation（招待を断る）
動 を拒む：decline to comment on the case（その件についてコメントを拒む）
動 衰える：His health was steadily declining.（彼の健康は着実に衰えつつあった。）

まとめてCheck! 反意語をCheck!

reveal ⇔ conceal（を隠す）
evolve ⇔ degenerate（退化する）
expand ⇔ contract（縮小する）

巻頭に「トピック別に覚える重要表現」！

巻頭には，英検でよく出題されるトピックに関する重要表現を掲載しています。イラストとともに整理して覚えることで，読解はもちろん，ライティングやスピーキングにも役立つ幅広い単語力が身につきます。

「まとめてCheck！」で単語力を拡張！

「まとめて Check！」では，類語や反意語などの情報をまとめて掲載しています。単語力の拡張に役立てましょう。

5

この本の記号と表記

品詞や派生語などの記号

動 ……動詞

名 ……名詞

形 ……形容詞

副 ……副詞

前 ……前置詞

接 ……接続詞

派 …… 派生語

例 …… 用例

●発音 …… 発音に注意を要する語

🎤アク …… アクセントに注意を要する語

語句表示

[   ] ……言い換え可能

(   ) ……省略可能・補足説明

do ……原形動詞

to *do* ……不定詞

doing ……動名詞・現在分詞

one ……文の主語と同じ人を表す

a person ……文の主語とは違う人を表す

動詞句の見出し表記

〈他動詞＋副詞〉型の動詞句は，「bring down」のように，目的語の位置を「〜」で示さない形で掲載しています。以下のように，目的語が名詞の場合と代名詞の場合で語順が違うので注意しましょう。

目的語が名詞の場合：〈動詞＋副詞＋名詞〉〈動詞＋名詞＋副詞〉のどちらも可

目的語が代名詞の場合：〈動詞＋代名詞＋副詞〉の語順になる

発音記号

発音記号は原則として『アンカーコズミカ英和辞典』（学研）に準拠しています。複数の発音がある場合は「，」で並べて示し，米音と英音が異なる場合は間に「‖」を置いて / 米音 ‖ 英音 / の順に示しています。

無料アプリ・無料音声について

(iPhone, Android両対応)（MP3形式）

本書に掲載している単語・熟語をクイズ形式で確認できるアプリと、「見出し語」とその「訳」、「例文」を収録した音声を無料でご利用いただけます。

アプリのご利用方法

携帯端末から下記の URL にアクセスしてください。

https://gakken-ep.jp/extra/rankjun

※ iPhone の方は Apple ID, Android の方は Google アカウントが必要です。対応 OS や対応機種については，各ストアでご確認ください。

音声のご利用方法

パソコンから下記の URL にアクセスしてください。

https://hon.gakken.jp/download/rankjun

※ダウンロードできるのは，圧縮された MP3 形式の音声ファイルです。再生するには，ファイルを解凍するソフトと，iTunes や Windows Media Player などの再生ソフトが必要です。

お客様のネット環境および携帯端末によりアプリを利用できない場合や，お客様のパソコン環境により音声をダウンロード・再生できない場合，当社は責任を負いかねます。ご理解，ご了承いただきますよう，お願いいたします。

1 生物

ecosystem
生態系

mammal
哺乳類

zoology
動物学

reptile 爬虫類

amphibian 両生類

insect 昆虫

botany
植物学

plant 植物

fern
シダ植物

moss
コケ植物

seed plant
種子植物

bacteriology
細菌学

fungus 菌類

bacteria 細菌

microbe
微生物

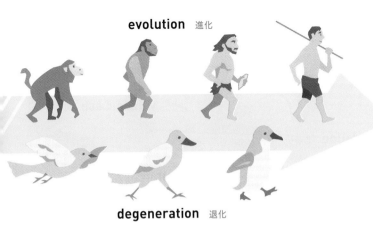

evolution 進化

degeneration 退化

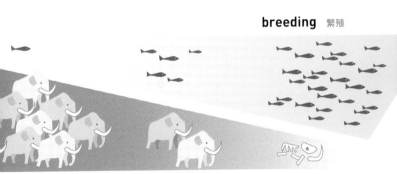

breeding 繁殖

endangered species 絶滅危惧種

extinction 絶滅

habitat 生息域

coexistence 共存

distribution 分布

biodiversity 生物多様性

9

2 環境・気象

eruption 噴火
active volcano 活火山
volcanic ash 火山灰

landslide 地滑り
avalanche 雪崩

fossil fuel 化石燃料

petroleum
石油
crude oil
原油

coal
石炭

wastewater 廃水

environmental protection
環境保全

water pollution 水質汚染

environmental assessmen
環境アセスメント

air pollution 大気汚染

solar eclipse 日食
lunar eclipse 月食

acid rain
酸性雨

smog
スモッグ

embankment
堤防

tsunami
津波

high tide
満潮

low tide
干潮

exhaust gas
排気ガス

deforestation
森林伐採

desertification
砂漠化

environmental cleanup
環境浄化

sustainability
持続可能性

3 医療・健康

information

internal medicine 内科

surgery 外科

orthopedics 整形外科

dermatology 皮膚科

otolaryngology 耳鼻咽喉科

ophthalmology 眼科

obstetrics 産科

gynecology 婦人科

pediatrics 小児科

psychiatry 精神科

dentistry 歯科

symptom 症状
breathlessness 息切れ
sore throat 咽頭痛
chill 悪寒
vomiting 嘔吐 (おうと)

medical examination 診察
palpation 触診
inspection 視診
auscultation 聴診
stethoscope 聴診器

diagnosis 診断書

diarrhea 下痢

gastritis 胃炎

sprain ねんざ

fracture 骨折

prescription 処方せん

oral medicine 内服薬

external medicine 外用薬

antibiotic 抗生物質

vaccine ワクチン

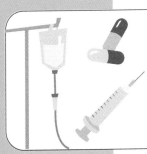

remedy 治療法

medication 投薬

drip 点滴

injection 注射

radiation therapy 放射線治療

dietary therapy 食事療法

operation / surgery 手術

anesthesia 麻酔

surgical removal 切除

transplantation 移植

(blood) transfusion 輸血

4 コミュニケーション

social networking service
SNS

posting
投稿

media literacy
メディアリテラシー

digital divide
情報格差

data communication
データ通信

roaming
ローミング

satellite communication
衛星通信

disregard 無視

abuse 誹謗(ひぼう)

slander 中傷

information leak
情報流出

spam (mail)
迷惑メール

impersonation
なりすまし

fraud
詐欺

phishing
フィッシング

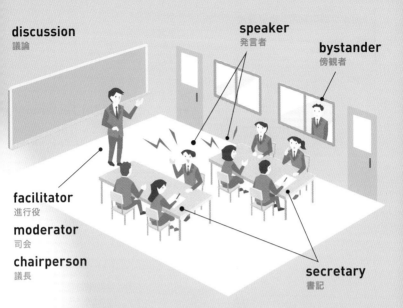

discussion
議論

speaker
発言者

bystander
傍観者

facilitator
進行役

moderator
司会

chairperson
議長

secretary
書記

presentation 発表

introduction 導入

main issue 本論

conclusion 結論

audience 聴衆

debate ディベート，討論

affirmative 賛成の立場

negative 反対の立場

constructive speech 立論

rebuttal 反駁（はんばく）

5 文化

Christianity キリスト教
Christian キリスト教徒
Protestantism プロテスタント
Catholicism カトリック

the Old Testament
旧約聖書
the New Testament
新約聖書

Islam イスラム教
Muslim イスラム教徒

Sunni スンニ派
Shia シーア派

Buddhism 仏教
Buddhist 仏教徒
Zen meditation 座禅
transmigration 輪廻

archaeology 考古学
excavation 発掘
remains 遺跡
ruins 廃墟

earthenware 土器
stone implement 石器
fossil 化石

ethnology　民族学
ethnic group　民族
ethnic minority　少数民族
folk tale　民話
folklore　民間伝承
superstition　迷信

china　陶磁器
japan　漆器
tea ceremony　茶道
martial arts　武道

civilization　文明
empire　帝国
myth　神話
metallurgy　冶金（やきん）
irrigation　灌漑（かんがい）
astronomy　天文学

6 国際関係

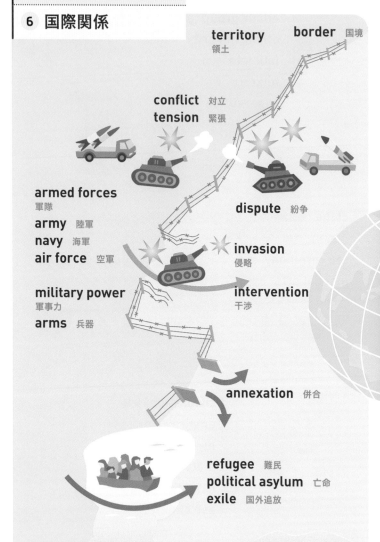

territory 領土

border 国境

conflict 対立
tension 緊張

armed forces 軍隊

dispute 紛争

army 陸軍
navy 海軍
air force 空軍

invasion 侵略

military power 軍事力
arms 兵器

intervention 干渉

annexation 併合

refugee 難民
political asylum 亡命
exile 国外追放

summit (talks)
首脳会談

peace 和平
disarmament 軍縮
armistice 休戦
truce 休戦

ambassador
大使

diplomat
外交官

international conference
国際会議

agreement 合意 / **rupture** 決裂

treaty
条約

signing
調印

ratification
批准

7 社会問題

nuclear family 核家族

fatherless family 母子家族

birthrate 出生率

childcare leave 育児休暇

domestic violence 家庭内暴力

public assistance 生活保護

human rights 人権

bias 先入観

prejudice 偏見

discrimination 差別

gender equality 男女平等

gender identity disorder 性同一性障害

migrant 移民

working visa 就労ビザ

illegal alien 不法入国者

adaptation 適応

nationality 国籍

permanent residence 永住

suffrage 選挙権

aging society 高齢化社会

pension 年金

health insurance 医療保険

nursing care 介護

disabled person 身体障がい者

accessibility 利用しやすさ

universal design ユニバーサルデザイン

重要表現の学習記録をつける

覚えたことを定着させるには、「くりかえし復習すること」がたいせつです。「トピック別に覚える重要表現」の学習を一通り終えたら、下の学習記録シートに日付を書きこみ、履歴を残しましょう。

1	2	3	4	5	6	7	8	9	10
/	/	/	/	/	/	/	/	/	/
11	12	13	14	15	16	17	18	19	20
/	/	/	/	/	/	/	/	/	/
21	22	23	24	25	26	27	28	29	30
/	/	/	/	/	/	/	/	/	/
31	32	33	34	35	36	37	38	39	40
/	/	/	/	/	/	/	/	/	/
41	42	43	44	45	46	47	48	49	50
/	/	/	/	/	/	/	/	/	/

MEMO

RANK

必ずおさえておくべき重要単語

RANK A で掲載されているのは英検準1級を受検するにあたって，必ずおさえておくべき重要単語です。掲載されている単語は文法・読解・英作文など，あらゆる領域で必須の語彙ばかりです。確実に覚えて，使いこなせるようにしましょう。

必ずおさえておくべき重要単語

RANK A

英検準1級動詞①

☑ 0001
consume
/ kənsúːm ‖ -sjúːm /

動 を消費する
派 名 **consumption**（消費(量)）
例 **consume** energy
（エネルギーを消費する）

☑ 0002
afford
/ əfɔ́ːʳd /

動 の余裕がある
例 can't **afford** to pay one's rent
（家賃を払う余裕がない）
ふつう can と共に否定文・疑問文で使う

☑ 0003
register
/ rédʒɪstəʳ /

動 登録する
派 名 **registration**（登録）
例 **register** for classes（授業を登録する）

☑ 0004
obtain
/ əbtéɪn /

動 を獲得する
派 形 **obtainable**（入手可能な）
例 **obtain** a good job（よい職を手に入れる）

☑ 0005
decline
/ dɪkláɪn /

動 減少する
例 **decline** in number（数が減少する）

☑ 0006
reveal
/ rɪvíːl /

動 を明かす
派 名 **revelation**（暴露）
例 **reveal** a lot about a historical event（歴史的な出来事について多くのことを明らかにする）

☑ 0007
criticize
/ krítəsaɪz /

動 を非難する
派 名 **critic**（批評家）
例 **criticize** extreme violence
（過激な暴力を非難する）

☑ 0008
evolve
/ ɪvάːlv ‖ ɪvɔ́lv /

動 進化する
派 名 **evolution**（進化）
例 **evolve** to survive cold winters
（寒い冬を生き延びるために進化する）

| | 25% | 50% | 75% | 100% |

☑ 0009 **eliminate**
/ ɪlímɪneɪt /

動 **を排除する**
派 名 **elimination**（除去）
例 **eliminate** gender discrimination
（性差別を排除する）

☑ 0010 **expand**
/ ɪkspǽnd /

動 **拡大する**
派 名 **expansion**（拡大）
例 a rapidly **expanding** global population
（急速に拡大を続ける地球の人口）

☑ 0011 **counter**
/ káʊntəʳ /

動 **に対抗する**
例 **counter** China's growing influence
（増大する中国の影響に対抗する）

☑ 0012 **ensure**
/ ɪnʃʊ́əʳ ‖ -ʃɔ́ː /

動 **を確実にする**
例 **ensure** equal opportunities for advance-
ment（昇進に関して平等な機会を保証する）

☑ 0013 **renew**
/ rɪnjúː /

動 **を更新する**
派 名 **renewal**（更新）
例 **renew** one's driver's license
（運転免許証を更新する）

☑ 0014 **declare**
/ dɪkléəʳ /

動 **を宣言する**
派 名 **declaration**（宣言）
例 **declare** independence from the country
（その国からの独立を宣言する）

☑ 0015 **expose**
/ ɪkspóʊz /

動 **をさらす**
派 名 **exposure**（さらすこと）
例 **expose** oneself to dangers
（危険に身をさらす）

まとめてCheck! 意味をPlus! **decline**

動 を丁寧に断る：**decline** an invitation（招待を断る）
動 を拒む：**decline** to comment on the case（その件についてコメントを拒む）
動 衰える：His health was steadily **declining**.（彼の健康は着実に衰えつつあった。）

まとめてCheck! 反意語をCheck!

reveal	⇔ **conceal**（を隠す）
evolve	⇔ **degenerate**（退化する）
expand	⇔ **contract**（縮小する）

25

必ずおさえておくべき重要単語

英検準1級動詞②

☑ 0016

pose

/ póʊz /

動 を引き起こす

例 **pose** a serious danger
（重大な危険を引き起こす）

☑ 0017

restrict

/ rɪstríkt /

動 を制限する

派 名 **restriction**（制限）
例 **restrict** the number of cars on a street
（通りの自動車数を制限する）

☑ 0018

boost

/ búːst /

動 を押し上げる

例 **boost** the U.S. economy
（アメリカ経済を押し上げる）

☑ 0019

alter

/ ɔ́ːltər /

動 を変える

派 名 **alteration**（変更）
例 **alter** one's sleeping habits
（睡眠の習慣を変える）

☑ 0020

analyze

/ ǽnəlaɪz /

動 を分析する

派 名 **analysis**（分析）
例 **analyze** DNA samples
（DNA のサンプルを分析する）

☑ 0021

assume

/ əsúːm ‖ əsjúːm /

動 を当然のことと思う

派 名 **assumption**（引き受けること）
例 **assume** that the rich will become richer
（金持ちがますます豊かになることを当然のことと思う）

☑ 0022

construct

/ kənstrʌ́kt /

動 を建設する

派 名 **construction**（建設）
例 **construct** a factory in the town
（その町に工場を建設する）

☑ 0023

adjust

/ ədʒʌ́st /

動 を調整する

派 名 **adjustment**（調整）
例 **adjust** a watch band
（時計のバンドを調整する）

25%　　50%　　75%　　100%

☑ 0024

submit
/ səbmít /

動 を提出する
派 名 **submission**（提出）
例 **submit** a written application
（申込書を提出する）

☑ 0025

infect
/ ɪnfékt /

動 を感染させる
派 名 **infection**（感染）
例 be **infected** with a disease（病気に感染する）

☑ 0026

guarantee
/ gæ̀rəntíː /　　🔊アク

動 を保証する
例 the freedoms **guaranteed** in the Constitution（憲法で保証された自由）

☑ 0027

invest
/ ɪnvést /

動 を投資する
派 名 **investment**（投資）
例 **invest** a lot of money in stocks
（株式に多額のお金を投資する）

☑ 0028

motivate
/ móʊt̬əveɪt /

動 にやる気を起こさせる
派 名 **motivation**（動機）
例 be **motivated** by the teacher
（その先生にやる気を引き出される）

☑ 0029

update
/ ʌ̀pdéɪt /

動 を更新する
例 **update** a password for one's online bank account（オンラインバンクの口座のパスワードを更新する）

☑ 0030

abandon
/ əbǽndən /

動 を捨てる
派 名 **abandonment**（放棄）
例 **abandon** one's traditional way of life
（伝統的な生き方を捨て去る）

まとめてCheck！	類語をCheck！　「変える」
change	「変える」の意味を表す最も一般的な語
alter	部分的に変更する・改める
shift	方向や位置などを変える
transform	形や性質などを変える

まとめてCheck！	意味をPlus！　assume
動	（責任など）を引き受ける：**assume** responsibility（責任を取る）
動	（権力など）を握る：**assume** control of the airport（その空港を制圧する）
動	（様相など）を帯びる：**assume** great importance（大きな重要性を帯びる）
動	（態度など）を装う：**assume** an air of indifference（無関心を装う）

必ずおさえておくべき重要単語

英検準1級動詞③

☑ 0031
convert
/ kənvə́ːt /

動 を変形させる
派 名 **conversion**（転換）
例 **convert** stored energy into heat
（蓄えられたエネルギーを熱に変える）

☑ 0032
convince
/ kənvíns /

動 を説得する
派 名 **conviction**（信念）
例 **convince** the company to cancel its plans
（会社を説得して計画を中止させる）

☑ 0033
demonstrate
/ démənstreit /　🎤アク

動 を実証する
派 名 **demonstration**（実証）
例 **demonstrate** scientific research
（科学的研究を実証する）

☑ 0034
imply
/ implái /

動 をほのめかす
派 名 **implication**（言外の意味）
例 **imply** that the press is against the opinion
（新聞がその意見に反対であることをほのめかす）

☑ 0035
react
/ riǽkt /

動 反応する
派 名 **reaction**（反応）
例 **react** quickly to various situations
（さまざまな状況に対して素早く反応する）

☑ 0036
shift
/ ʃíft /

動 を移す
例 **shift** one's focus from domestic problems to global problems
（焦点を国内問題から全世界的な問題に移す）

☑ 0037
switch
/ swítʃ /

動 変える
例 **switch** from gas to electricity
（ガスから電気に変える）
switch from A to B「A から B に変える」

☑ 0038
discourage
/ diskə́ːridʒ ‖ -kə́r- /

動 を妨げる
派 名 **discouragement**（阻止）
例 **discourage** women from returning to work
（女性の職場復帰を妨げる）

☐ 0039 **manufacture** / mǽnjəfæktʃəʳ / 🔊アク	動 **を作る** 派 名 **manufacturer**（製造業者） 例 an economical way of **manufacturing** goods（商品を製造する経済的な方法）
☐ 0040 **pursue** / pəʳsúː ‖ -sjúː /	動 **に従事する, 追求する** 派 名 **pursuit**（追求） 例 **pursue** a career in agricultural research（農業研究に従事する）
☐ 0041 **spray** / spreɪ /	動 **を散布する** 例 **spray** chemicals on fields（畑に化学薬品を散布する）
☐ 0042 **transmit** / trænsmít, trænz- /	動 **を伝える** 派 名 **transmission**（伝達） 例 **transmit** data about the location of a car（車の位置情報を伝える）
☐ 0043 **assign** / əsáɪn /	動 **に割り当てる** 派 名 **assignment**（割り当てられた仕事） 例 **assign** employees positions（従業員にポストを割り当てる）
☐ 0044 **skip** / skɪp /	動 **を抜かす** 例 **skip** morning classes（午前中の授業をさぼる）
☐ 0045 **weaken** / wíːkən /	動 **を弱める** 派 形 **weak**（弱い） 例 **weaken** the immune system（免疫系を弱くする）

まとめてCheck!　意味をPlus!　**convert**

動 **を改造する：convert** a castle into a hotel（城をホテルに改造する）
動 **を両替する：convert** euros into yen（ユーロを円に両替する）
動 **改宗する：convert** from Islam to Buddhism（イスラム教から仏教に改宗する）

まとめてCheck!　語源をCheck!　**sign**「印を付ける」

assign	as（…に）+sign（印を付ける）→（に割り当てる）
design	de（下に）+sign（印を付ける）→（をデザインする）
resign	re（再び）+sign（署名する）→（辞職する）

必ずおさえておくべき重要単語

英検準1級動詞④

☑ 0046
donate
/ dóuneɪt ‖ -´- /

動 を寄贈する
派 名 **donation** (寄贈)
例 **donate** one's books to a local charity
(地元の慈善団体に蔵書を寄贈する)

☑ 0047
endanger
/ ɪndéɪndʒəʳ /

動 を危険にさらす
派 名 **endangerment** (危険にさらすこと)
例 **endanger** rare plant species
(珍しい植物種を危険にさらす)

☑ 0048
grill
/ grɪl /

動 を直火で焼く
例 **grilled** fish (焼き魚)

☑ 0049
inject
/ ɪndʒékt /

動 に注射する
派 名 **injection** (注射)
例 **inject** a mouse with a painkilling drug
(マウスに痛み止めの薬を注射する)

☑ 0050
extend
/ ɪksténd /

動 を延長する, 延ばす
派 名 **extension** (延長)
例 **extend** the lifespan of old computers
(古いコンピューターの寿命を延ばす)

☑ 0051
monitor
/ máːnəţəʳ ‖ mɔ́n- /

動 を監視する
例 **monitor** a population of wild sparrows
(野生のスズメの個体数を監視する)

☑ 0052
regulate
/ régjəleɪt /

動 を調整する
派 名 **regulation** (規制)
例 **regulate** body temperature
(体温を調節する)

☑ 0053
rob
/ rɑːb ‖ rɔb /

動 から奪う
例 **rob** a person of educational opportunities
(人から教育の機会を奪う)
rob A of B「A から B を奪う」

☑ 0054 **navigate**

/ nǽvɪgeɪt /

動 を航海する
派 名 **navigation**（航海）
例 **navigate** the Pacific
（太平洋を航海する）

☑ 0055 **thrive**

/ θraɪv /

動 （動植物が）育つ
派 形 **thriving**（繁栄する）
例 a suitable environment for wildlife to **thrive**
（野生動物が生息するのに適した環境）

☑ 0056 **differ**

/ dífəʳ /

動 異なる
派 形 **different**（違った）
例 **differ** from country to country
（国ごとに異なる）

☑ 0057 **emphasize**

/ émfəsaɪz /

動 を強調する
派 名 **emphasis**（強調）
例 **emphasize** the importance of education
（教育の重要性を強調する）

☑ 0058 **employ**

/ ɪmplɔ́ɪ /

動 を雇う
派 名 **employment**（雇用）
例 **employ** foreign workers
（外国人労働者を雇う）

☑ 0059 **inherit**

/ ɪnhérɪt /

動 を遺伝的に受け継ぐ, 相続する
派 名 **inheritance**（相続）
例 **inherit** health problems
（健康上の問題を遺伝的に受け継いでいる）

☑ 0060 **persuade**

/ pəʳswéɪd /　　●発音

動 を説得する
派 名 **persuasion**（説得）
例 **persuade** a person to eat less salt
（塩分を控えるように人を説得する）

まとめてCheck!	関連語をCheck!	grill（を直火で焼く）	
bake	（(パンなど)を焼く）	fry	（を揚げる）
boil	（を煮る, ゆでる）	roast	（を(オーブンなどで)焼く）
broil	（を(焼き網などで)焼く）	steam	（を蒸す, ふかす）

まとめてCheck!	語源をCheck!	tend「張る, 広げる」
extend	ex(外へ)＋tend(広げる)→（を延ばす）	
attend	at(…の方へ)＋tend((心を)伸ばす)→（に出席する）	
intend	in(中に)＋tend(心を広げる)→（意図する）	
pretend	pre(前に)＋tend(広げて差し出す)→（のふりをする）	

必ずおさえておくべき重要単語

英検準1級動詞⑤

☑ 0061
uncover
/ ʌnkʌ́vəʳ /

動 を発掘する
例 **uncover** fossil remains
（化石を発掘する）

☑ 0062
enforce
/ ɪnfɔ́ːʳs /

動 を施行する
派 名 **enforcement** （(法律などの)施行）
例 **enforce** an anti-noise law
（騒音防止法を施行する）

☑ 0063
enhance
/ ɪnhǽns ‖ -hɑ́ːns /

動 を高める
派 名 **enhancement** （向上）
例 a program to **enhance** the ability of players
（選手の能力を高めるプログラム）

☑ 0064
lessen
/ lésən /

動 を少なくする
派 形 **less** （より小さい）
例 **lessen** the spread of a disease
（病気の拡大を小さくする）

☑ 0065
prohibit
/ prouhíbɪt, prə- /

動 に禁ずる
派 名 **prohibition** （禁止）
例 **prohibit** a player from participating in three games（選手に3試合の出場を禁止する）

☑ 0066
supervise
/ súːpəʳvaɪz /

動 を監督する
派 名 **supervision** （監督）
例 **supervise** children's activities
（子供たちの活動を監督する）

☑ 0067
capture
/ kǽptʃəʳ /

動 をとらえる
派 形 **captive** （とりこになった）
例 **capture** the imagination of people
（人々の想像力をとらえる）

☑ 0068
consult
/ kənsʌ́lt /

動 に助言を求める
派 名 **consultation** （相談）
例 **consult** a medical expert
（医療の専門家に助言を求める）

☑ 0069	**detect**	動 を見つける
	/ dɪtékt /	派 名 **detective** (刑事)
		例 **detect** signs of damage (損害の兆候を見つける)

☑ 0070	**imitate**	動 をまねる
	/ ímɪteɪt /	派 名 **imitation** (模倣)
		例 **imitate** the behaviors of others (他人の行動をまねる)

☑ 0071	**resemble**	動 に似ている
	/ rɪzémbəl /	派 名 **resemblance** (類似)
		例 an illness that **resembles** the common cold (普通の風邪に似た病気)

☑ 0072	**resist**	動 に抵抗する
	/ rɪzíst /	派 名 **resistance** (抵抗)
		例 efforts to **resist** temptation (誘惑にあらがう努力)

☑ 0073	**scan**	動 を詳しく調べる
	/ skǽn /	例 **scan** the brain of a person (人の脳を詳しく調べる)

☑ 0074	**specialize**	動 専門にする
	/ spéʃəlaɪz /	派 形 **special** (特別の)
		例 a website that **specializes** in providing local news (地元のニュースの提供を専門にしているウェブサイト)

☑ 0075	**undergo**	動 を経験する
	/ ʌndərɡóʊ /	例 **undergo** surgery (手術を受ける)

まとめてCheck!	類語をCheck!	「禁ずる」
prohibit	法律などによって公的に禁ずる	
forbid	ある立場にある人が禁ずる	
ban	法的または道徳的といった理由で禁ずる	

まとめてCheck!	意味をPlus!	capture

動 を占領する：**capture** a city (ある都市を占領する)

動 を獲得する：**capture** 55 percent of the vote (55パーセントの票を獲得する)

動 をうまく表現する：**capture** the beauty of the town (その町の美しさを表現する)

必ずおさえておくべき重要単語

英検準1級動詞⑥

☑ 0076
accelerate

/ əksélərert /

動 を加速する
派 名 **acceleration** (加速)
例 **accelerate** economic growth
(経済成長を加速する)

☑ 0077
accommodate

/ əká:mədert ‖ əkóm- /

動 を収容する
派 名 **accommodation** (宿泊施設)
例 a meeting room which **accommodates** 20 people (20人収容できる会議室)

☑ 0078
commute

/ kəmjú:t /

動 通勤[通学]する
例 **commute** by bicycle (自転車通学する)

☑ 0079
conceal

/ kənsí:l /

動 を隠す
派 名 **concealment** (隠すこと)
例 **conceal** one's emotions (感情を隠す)

☑ 0080
cooperate

/ ková:pəreɪt ‖ -óp- /

動 協力する
派 名 **cooperation** (協力)
例 **cooperate** with each other
(お互いに協力し合う)

☑ 0081
diagnose

/ dáɪəgnóʊs, –––‖ dáɪəgnoʊz /

動 を診断する
派 名 **diagnosis** (診断)
例 **diagnose** illnesses (病気を診断する)

☑ 0082
equip

/ ɪkwíp /

動 を備え付ける
派 名 **equipment** (装備)
例 be **equipped** with elevators
(エレベーターが備え付けられている)

☑ 0083
extract

/ ɪkstrǽkt /

動 を抜き取る
派 名 **extraction** (抽出)
例 **extract** precious metals from circuit boards (回路基板から貴金属を抜き取る)

動詞

☑ 0084

graze
/ greɪz /

動 牧草を食べる
例 cattle **grazing** in a pasture
（牧場で草をはんでいる牛）

☑ 0085

interact
/ ìntərǽkt /

動 互いに交流する
派 名 **interaction**（相互交流）
例 **interact** with a person from another culture（他の文化の人と交流する）

☑ 0086

reconsider
/ rìːkənsídəʳ /

動 を考え直す
派 名 **reconsideration**（再考）
例 **reconsider** one's theory
（自分の学説を再考する）

☑ 0087

revise
/ rɪváɪz /

動 を見直す
派 名 **revision**（改訂）
例 **revise** the tax law（税法を見直す）

☑ 0088

commit
/ kəmít /

動 を犯す
派 名 **commission**（（罪などを）犯すこと）
例 **commit** a traffic violation（交通違反を犯す）

☑ 0089

define
/ dɪfáɪn /

動 を定義する
派 名 **definition**（定義）
例 **define** what they are
（それらが何なのかを定義する）

☑ 0090

distribute
/ dɪstríbjət ‖ -bjuːt /　🔊アク

動 を分配する, 配布する
派 名 **distribution**（分配）
例 **distribute** course materials
（教材を配布する）

まとめてCheck!	派生語をPlus!	commute
commutation	名（（定期券での）通勤）	
commuter	名（通勤者, 通学者）	

まとめてCheck!	意味をPlus!	extract
動 を引き出す：**extract** useful information（有益な情報を引き出す）		
動 を引用する：**extract** an article（記事を引用する）		
動 （約束など）を取り付ける：**extract** a promise from him（彼の約束を取り付ける）		

35

必ずおさえておくべき重要単語

英検準1級動詞⑦

☑ 0091 **disturb**

/ dɪstə́ːb /

動 を妨げる

派 名 **disturbance**（妨害）

例 **disturb** the sleep of residents
（住民の睡眠を妨げる）

☑ 0092 **interfere**

/ ìntəˈfíə /

動 邪魔をする

派 名 **interference**（邪魔）

例 **interfere** with communication
（コミュニケーションの邪魔をする）

☑ 0093 **interpret**

/ ɪntə́ːprət /

動 を解釈する

派 名 **interpretation**（解釈）

例 **interpret** weak brain signals
（弱い脳の信号を解釈する）

☑ 0094 **justify**

/ dʒʌ́stɪfaɪ /

動 を正当化する

派 名 **justification**（正当化）

例 **justify** a government funding
（政府の資金援助を正当化する）

☑ 0095 **negotiate**

/ nɪɡóʊʃièɪt /

動 を取り決める

派 名 **negotiation**（交渉）

例 **negotiate** a settlement（解決策を決める）

交渉・協議などによって取り決めること

☑ 0096 **obey**

/ oʊbéɪ, əbéɪ /

動 に従う

派 名 **obedience**（従順さ）

例 **obey** the law（法に従う）

☑ 0097 **reproduce**

/ rìːprədjúːs /

動 繁殖する

派 名 **reproduction**（繁殖）

例 non-native fish **reproducing** rapidly
（急速に繁殖する外来種の魚）

☑ 0098 **restore**

/ rɪstɔ́ː /

動 を回復させる

派 名 **restoration**（回復）

例 **restore** degraded ecosystems
（悪化した生態系を回復させる）

0099 ☑ wander
/ wɑ́:ndəʳ ‖ wɔ́n- /

動 **歩き回る**
派 形 **wandering** (歩き回る)
例 **wander** around a forest (森の中を歩き回る)

0100 ☑ activate
/ ǽktɪveɪt /

動 **を活性化する**
派 名 **activation** (活性化)
例 **activate** the brain's insular cortex
(脳の島皮質を活性化する)

0101 ☑ incorporate
/ ɪnkɔ́:ʳpəreɪt /

動 **を組み入れる**
派 名 **incorporation** (編入)
例 be **incorporated** into DNA
(DNAに組み入れられる)

0102 ☑ worsen
/ wə́:ʳsən /

動 **をさらに悪くする**
派 形 **worse** (より悪い)
例 **worsen** a situation (状況をさらに悪くする)

0103 ☑ acknowledge
/ əknɑ́:lɪdʒ ‖ -nɔ́l- /

動 **を認める**
派 名 **acknowledgement** (認識)
例 **acknowledge** that a problem exists
(問題が存在することを認める)

0104 ☑ confine
/ kənfáɪn /

動 **を制限する**
派 名 **confinement** (制限されること)
例 **confine** one's activities to social services
(自分の活動を社会福祉事業にしぼる)

0105 ☑ cultivate
/ kʌ́ltɪveɪt /

動 **を耕す**
派 名 **cultivation** (耕作)
例 **cultivate** fields (畑を耕す)

まとめてCheck! 類語をCheck! 「従う」	
follow	指示・忠告・慣習などに従う
obey	命令・権力・法律などに従う
observe	法律・慣習などに従う

まとめてCheck!　意味をPlus!　**restore**

動 を修復する：**restore** damaged paintings(損傷した絵画を修復する)

動 を復活させる：**restore** abandoned customs(廃れた習慣を復活させる)

動 を返却する：**restore** a stolen bag to its owner(盗まれたバッグを所有者に返却する)

必ずおさえておくべき重要単語

英検準1級動詞⑧

☑ 0106	**depart** / dɪpáːʳt /	動 **出発する** 派 名 **departure**（出発） 例 **depart** from London for Brussels （ロンドンからブリュッセルへ向けて出発する）
☑ 0107	**dismiss** / dɪsmís /	動 **を払いのける** 派 名 **dismissal**（却下） 例 **dismiss** a negative idea （否定的な考えを払いのける）
☑ 0108	**emerge** / ɪmə́ːʳdʒ /	動 **浮かび上がる** 派 名 **emergence**（出現） 例 anger **emerging** from one's mind （心の中から浮かび上がる怒り）
☑ 0109	**entertain** / èntəʳtéɪn /	動 **を楽しませる** 派 名 **entertainment**（娯楽） 例 a way to **entertain** kids （子供たちを楽しませる方法）
☑ 0110	**evaluate** / ɪvǽljueɪt /	動 **（価値）を評価する** 派 名 **evaluation**（評価） 例 **evaluate** surgery's effectiveness （手術の有効性を評価する）
☑ 0111	**furnish** / fə́ːʳnɪʃ /	動 **（家具など）を備え付ける** 例 be **furnished** with a toilet （トイレが備え付けられている）
☑ 0112	**hatch** / hætʃ /	動 **（卵から）かえる** 例 **hatch** from an egg（卵からかえる）
☑ 0113	**invade** / ɪnvéɪd /	動 **を侵略する** 派 名 **invasion**（侵略） 例 **invade** one's neighboring country （隣国を侵略する）

25%　　　　　50%　　　　　75%　　　　100%

動詞

名詞

形容詞・副詞

☑ 0114

investigate

/ ɪnvéstɪɡeɪt /

動 を調査する
派 名 investigation（調査）
例 investigate the cause of water pollution
（水質汚染の原因を調査する）

☑ 0115

label

/ léɪbəl /　　　●発音

動 にラベルを貼る
例 label products with a barcode
（製品にバーコードのラベルを貼る）

☑ 0116

originate

/ ərídʒəneɪt /

動 起こる
派 名 origin（起源）
例 a sport that originated in Britain
（イギリスで発祥したスポーツ）

☑ 0117

shrink

/ ʃrɪŋk /

動 縮む, 減る
例 resources that shrink gradually
（徐々に減っていく資源）

☑ 0118

spill

/ spɪl /

動 をこぼす
例 spill coffee on a desk
（机にコーヒーをこぼす）

☑ 0119

sponsor

/ spá:nsər ‖ spɔ́n- /

動 を後援する
派 名 sponsorship（後援）
例 sponsor a local event
（地元のイベントを後援する）

☑ 0120

stimulate

/ stímjəleɪt /

動 を刺激する
派 名 stimulation（刺激）
例 stimulate brain development
（脳の発達を促進する）

まとめてCheck!	語源をCheck!　　tain「保つ」
entertain	enter（人の間に入って）+tain（保つ）→（を楽しませる）
contain	con（共に）+tain（保つ）→（を含む）
maintain	main（手で）+tain（保つ）→（を維持する）
sustain	sus（下から）+tain（保つ）→（を支える）

まとめてCheck!	類語をCheck!　　「調査する」
check	誤りがないかや正常かなどを調べる
examine	状態や性質などを知るために観察・分析する
investigate	事実や原因などを詳細に調べる

RANK A	必ずおさえておくべき重要単語

英検準1級名詞①

☑ 0121 **critic**
/ krítɪk /

名 **評論家**
派 形 **critical**（批判的な）
例 an art **critic**（美術評論家）

☑ 0122 **budget**
/ bʌ́dʒɪt /

名 **予算**
例 a **budget** meeting（予算会議）

☑ 0123 **conference**
/ kɑ́ːnfrəns ‖ kɔ́n- /

名 **会議**
派 動 **confer**（話し合う）
例 a **conference** room（会議室）

☑ 0124 **resident**
/ rézɪdənt /

名 **住民**
派 形 **residential**（住宅の）
例 local **residents**（地元の住民）

☑ 0125 **fee**
/ fíː /

名 **料金**
例 charge a **fee**（料金を請求する）

☑ 0126 **cargo**
/ kɑ́ːʰgou /

名 **貨物**
例 a **cargo** ship（貨物船）

☑ 0127 **regulation**
/ règjəléɪʃən /

名 **規則**
派 動 **regulate**（を規制する）
例 ignore traffic **regulations**
（交通規則を無視する）

☑ 0128 **surgery**
/ sɔ́ːʰdʒəri /

名 **（外科）手術**
派 形 **surgical**（外科（医）の）
例 bypass **surgery**（バイパス手術）

START
1900語
25% 50% 75% 100%
単語編
RANK
A
動詞
名詞
形容詞・副詞

☑ 0129
virus
/ váɪrəs / ●発音

名 ウイルス
例 a computer **virus**（コンピューターウイルス）

☑ 0130
consumption
/ kənsʌ́mpʃən /

名 消費量
派 動 **consume**（を消費する）
例 alcohol **consumption** per person in 2015
（2015年における1人当たりのアルコール消費量）

☑ 0131
immigrant
/ ímɪɡrənt /

名（外国からの）移民
派 動 **immigrate**（移住する）
例 European **immigrants**
（ヨーロッパ（からの）移民）

☑ 0132
therapy
/ θérəpi /

名 治療
派 名 **therapist**（セラピスト）
例 music **therapy**（音楽療法）

☑ 0133
construction
/ kənstrʌ́kʃən /

名 建設
派 動 **construct**（を建設する）
例 during road **construction**（道路建設中に）
under construction「建設[工事]中」

☑ 0134
expense
/ ɪkspéns /

名 費用
派 形 **expensive**（高価な）
例 cut **expenses**（費用を削減する）

☑ 0135
insurance
/ ɪnʃúərəns /

名 保険
派 動 **insure**（に保険を掛ける）
例 an **insurance** company（保険会社）

まとめてCheck! 派生語をPlus！ critic	
criticize	動（を批評する）
criticism	名（批評, 評論）

まとめてCheck!	関連語をCheck！	surgery（手術）	
operation	（手術）	transplantation	（移植）
anesthesia	（麻酔）	symptom	（症状）
surgical removal	（外科的切除）	diagnosis	（診断）
(blood) transfusion	（輸血）	treatment	（治療）

必ずおさえておくべき重要単語

英検準1級名詞②

☐ 0136	**emission** / ɪmíʃən /	名 放出 派 動 **emit** ((光・音・匂いなど)を放出する) 例 reduce CO₂ **emissions** （二酸化炭素の排出を削減する）

名 放出
派 動 **emit** ((光・音・匂いなど)を放出する)
例 reduce CO_2 **emissions**
（二酸化炭素の排出を削減する）

☐ 0136 **emission**
/ ɪmíʃən /

名 放出
派 動 **emit** ((光・音・匂いなど)を放出する)
例 reduce CO_2 **emissions**
（二酸化炭素の排出を削減する）

☐ 0137 **reservation**
/ rèzəˈvéɪʃən /

名 予約
派 動 **reserve** (を予約する)
例 make a hotel **reservation**
（ホテルの予約をする）

☐ 0138 **contract**
/ kάːntrækt ‖ kɔ́n- /

名 契約
例 extend one's **contract** （契約を延長する）

☐ 0139 **property**
/ prάːpəˈţi ‖ prɔ́p- /

名 不動産
派 形 **proper** (固有である)
例 fall in **property** prices （不動産価格の下落）

☐ 0140 **registration**
/ rèdʒɪstréɪʃən /

名 登録
派 動 **register** (を登録する)
例 fill in a **registration** form
（登録用紙に記入する）

☐ 0141 **barn**
/ bɑːˈn /

名 納屋
例 a wooden **barn** （木造の納屋）

☐ 0142 **consequence**
/ kάːnsəkwens ‖ kɔ́nsɪkwəns /

名 結果
派 形 **consequent** ((…の)結果として起こる)
例 an unintended **consequence** （意図しない結果）
in [as a] consequence 「その結果」

☐ 0143 **disorder**
/ dɪsɔ́ːˈdəˈ /

名 (心身の機能の)不調
例 eating **disorders** （摂食障害）

動詞

名詞

形容詞・副詞

☐ 0144

marble

/ máːʰbəl /

名 大理石

例 display the **marble** statues
（大理石の彫刻を展示する）

☐ 0145

bacteria

/ bæktíəriə /

名 バクテリア

例 kill harmful **bacteria**
（有害なバクテリアを殺す）

☐ 0146

client

/ kláiənt /

名 依頼人

例 meet a **client**（依頼人に会う）

☐ 0147

habitat

/ hæbitæt /

名 生息地

派 名 habitation（居住）
例 provide a **habitat** for wildlife
（野生生物に生息地を与える）

☐ 0148

economist

/ ikάːnəmist ‖ -kɔ́n- /

名 経済学者

派 名 economy（経済）
例 a labor **economist**（労働経済学者）

☐ 0149

ecosystem

/ íːkoʊsistəm /

名 生態系

例 protect the **ecosystem**（生態系を保護する）

☐ 0150

efficiency

/ ifíʃənsi /

名 効率

派 形 efficient（効率的な）
例 improve energy **efficiency**
（エネルギー効率を改善する）

まとめてCheck!	派生語をPlus!	contract
contractor	名 (契約者, 請負業者)	
contractual	形 (契約の, 契約上の)	

まとめてCheck!	類語をCheck!	「結果」
effect	ある原因から直接的または必然的に生じる結果	
result	最終的な結果	
consequence	ある行動や状況に伴って生まれる結果	
outcome	予想が難しい事柄などの最終的な結果	

必ずおさえておくべき重要単語

英検準1級名詞③

☑ 0151

medication

/ mèdɪkéɪʃən /

名 薬剤
- 例 take one's **medication**（薬を服用する）

☑ 0152

territory

/ térətɔ:ri ‖ -təri /

名 領土
- 派 形 **territorial**（領土の）
- 例 expand one's **territory**（領土を拡張する）

☑ 0153

adolescent

/ ædəlésənt /

名 青春期の人
- 派 名 **adolescence**（思春期）
- 例 reduce appetite in **adolescents**
  （思春期の人たちの食欲を減退させる）

☑ 0154

deposit

/ dɪpɑ́:zət ‖ -pɔ́zɪt /

名 預金
- 例 make a **deposit**（預金する）

☑ 0155

investment

/ ɪnvésʧmənt /

名 投資
- 派 動 **invest**（を投資する）
- 例 make a low-risk **investment**
  （危険の少ない投資をする）

☑ 0156

mammal

/ mǽməl /

名 哺乳動物
- 例 bones from a large **mammal**
  （大型の哺乳動物の骨）

☑ 0157

participant

/ pə'tísɪpənt ‖ pɑ:t- /

名 参加者
- 派 動 **participate**（参加する）
- 例 the **participants** in the contest
  （その競技の参加者）

☑ 0158

ad

/ æd /

名 広告
- 例 put up an **ad** on a bulletin board
  （掲示板に広告を貼り出す）

START

1900語

25%　　　50%　　　75%　　　100%

単語編

RANK A

動詞

名詞

形容詞・副詞…

☑ 0159 **cruise**

/ kru:z /

名 **船旅**
派 名 **cruiser**（遊覧用モーターボート）
例 a **cruise** ship（大型巡航客船）

☑ 0160 **institution**

/ ɪnstɪtjú:ʃən /

名 **機構**
派 動 **institute**（を設ける）
例 work at an educational **institution**
（教育機関で働く）

☑ 0161 **advertising**

/ ǽdvəˈtaɪzɪŋ /

名 **広告（業）**
派 名 **advertisement**（広告）
例 spend too much on **advertising**
（広告に費用を使い過ぎる）

☑ 0162 **analysis**

/ ənǽləsɪs /

名 **分析**
派 動 **analyze**（を分析する）
例 perform an **analysis**（分析する）
複数形は analyses / ənǽləsi:z /

☑ 0163 **divorce**

/ dɪvɔ́:ˈs /

名 **離婚**
例 increase a couple's risk of **divorce**
（夫婦が離婚する危険を増大させる）

☑ 0164 **nutrient**

/ njú:triənt /

名 **栄養素**
派 名 **nutrition**（栄養を摂取すること）
例 be high in **nutrients**（栄養素に富んでいる）

☑ 0165 **protein**

/ próʊti:n /　　●発音

名 **タンパク質**
例 contain **protein**（タンパク質を含む）

まとめてCheck!	派生語をPlus！　　analysis
analyst	名（分析家, アナリスト, 精神分析医）
analytic	形（分析の, 分析的な）

まとめてCheck!	関連語をCheck！	protein（タンパク質）	
carbohydrate	（炭水化物）	**vitamin**	（ビタミン）
fat	（脂肪分）	**sodium**	（ナトリウム）
dietary fiber	（食物繊維）	**lactic acid bacteria**	（乳酸菌）
carotene	（カロテン）	**fruit sugar**	（果糖）

必ずおさえておくべき重要単語

英検準1級名詞④

☑ 0166 **rainforest**

/ réɪnfɔːrəst /

名 (熱帯)雨林

例 save existing **rainforests** from destruction
(現存する熱帯雨林を破壊から救う)

☑ 0167 **semester**

/ səméstər /

名 学期

例 the start of the new **semester**
(新学期の始まり)

☑ 0168 **session**

/ séʃən /

名 会合

例 attend a training **session**(講習会に参加する)

☑ 0169 **substance**

/ sʌ́bstəns /

名 物質

派 形 **substantial** (実質的な)
例 release poisonous **substances**
(有毒な物質を放出する)

☑ 0170 **barrier**

/ bǽriər /

名 防壁

例 put up **barriers** to protect the house
(その家を守るために防壁を築く)

☑ 0171 **biofuel**

/ báɪoufjùəl /

名 バイオ燃料

例 consider **biofuel** as an alternative to fossil fuels
(バイオ燃料を化石燃料に代わるものとみなす)

☑ 0172 **canal**

/ kənǽl /　🎙アク

名 運河

例 the Panama **Canal** (パナマ運河)

☑ 0173 **cattle**

/ kǽtl /

名 牛

例 a **cattle** rancher (牛の牧場経営者)

20 head[ˣheads] of cattle「20 頭の牛」

名詞

☑ 0174

infection

/ ɪnfékʃən /

名 **感染**

派 動 **infect**(を感染させる)

例 display signs of **infection**(感染の兆候を示す)

☑ 0175

inspection

/ ɪnspékʃən /

名 **点検**

派 動 **inspect**(を詳しく調べる)

例 an annual **inspection** plan
(年に1度の点検プラン)

☑ 0176

marketing

/ máːˈkɪtɪŋ /

名 **マーケティング**

派 名 **market**(市場)

例 a **marketing** company(マーケティング会社)

☑ 0177

predator

/ prédətəˈ /

名 **捕食動物**

派 形 **predatory**(捕食性の)

例 be protected from **predators** by nets
(網で捕食動物から守られる)

☑ 0178

artwork

/ áːˈtwəːˈk /

名 **芸術作品**

例 obtain money in exchange for **artwork**
(芸術作品と交換に金を手に入れる)

☑ 0179

automobile

/ ɔ́ːṭəmoʊbiːl /   ●発音

名 **自動車**

例 an **automobile** manufacturer
(自動車メーカー)

☑ 0180

bonus

/ bóʊnəs /

名 **賞与**

例 get one's **bonus**(賞与を受け取る)

まとめてCheck! 意味をPlus! barrier

名 **(地理的な)境界**：The river forms a natural **barrier**.(川が自然の境界を成している。)

名 **障壁**：trade **barriers**(貿易障壁)

名 **(超えるのが困難な数値などの)壁**：the 10-second **barrier**(10秒の壁)

まとめてCheck! 語源をCheck! spect「見る」

inspection	in(中を)+spection(見ること)→(点検)
prospect	pro(前を)+spect(見る)→(見込み, 可能性)
perspective	per(通して)+spective(見る, 見通す)→(遠近法, 物の見方)
retrospect	retro(以前を)+spect(振り返る)→(回顧, 追想)

必ずおさえておくべき重要単語

英検準1級名詞⑤

☑ 0181 **laptop**
/ læptɑːp ‖ -tɔp /

名 ノートパソコン
例 buy a new **laptop** computer
（新しいノートパソコンを買う）

☑ 0182 **mining**
/ máɪnɪŋ /

名 採掘
派 名 **mine**（鉱山）
例 drawings of old **mining** operations
（昔の採掘作業の絵）

☑ 0183 **payment**
/ péɪmənt /

名 支払い
派 動 **pay**（を支払う）
例 delays in **payment**（支払いの遅れ）

☑ 0184 **popularity**
/ pɑːpjəlǽrəti ‖ pɔ̀pju- /

名 人気
派 形 **popular**（人気のある）
例 lose one's **popularity**（人気を失う）

☑ 0185 **procedure**
/ prəsíːdʒəʳ /

名 処置
派 動 **proceed**（続ける）
例 undergo medical **procedures**
（医療処置を受ける）

☑ 0186 **symptom**
/ símptəm /

名 症状
例 suffer **symptoms** of illness
（病気の症状に苦しむ）

☑ 0187 **warning**
/ wɔ́ːʳnɪŋ /

名 警告
派 動 **warn**（に警告する）
例 ignore a **warning**（警告を無視する）

☑ 0188 **achievement**
/ ətʃíːvmənt /

名 業績, 学力
派 動 **achieve**（を成し遂げる）
例 prepare children for **achievement** tests
（子供たちに学力検査の準備をさせる）

candidate 名 応募者
/kǽndɪdeɪt/
例 a few **candidates** for the job
（その仕事に対する数人の応募者）

exhibit 名 展示品
/ɪgzíbɪt/ ●発音
派 名 **exhibition**（展覧会）
例 change **exhibits** regularly
（展示品を定期的に換える）

expectation 名 期待
/èkspektéɪʃən/
派 動 **expect**（を期待する）
例 meet one's **expectations**（期待に応える）

finance 名 財務
/fáɪnæns/
派 形 **financial**（財務の）
例 have detailed knowledge of **finance**
（財務の詳しい知識を持っている）

investor 名 投資者
/ɪnvéstər/
派 動 **invest**（を投資する）
例 a successful **investor**（成功した投資家）

loan 名 ローン
/loʊn/
例 pay off one's home **loan**
（住宅ローンを完済する）

representative 名 代表者
/rèprɪzéntətɪv/ ●アク
派 動 **represent**（を代表する）
例 speak to a company **representative**
（会社側代表と話をする）

まとめてCheck! 意味をPlus! procedure
名（物事を行う）手順, 工程：a simple **procedure**（簡単な手順）
名（訴訟や議会運営などの）手続き：court **procedure**（裁判手続き）

まとめてCheck! 派生語をPlus! finance
financially 副（財政的に, 金銭的に, 財政上）
financier 名（金融業者,（大口の）投資家）

必ずおさえておくべき重要単語

英検準1級名詞⑥

☑ 0196 **requirement**

/ rɪkwáɪəˈmənt /

名 **必要条件**

派 動 **require** (を必要とする)
例 meet strict **requirements**
(厳しい必要条件を満たす)

☑ 0197 **shipping**

/ ʃípɪŋ /

名 (貨物の)**輸送, 発送**

派 動 **ship** ((荷物)を運ぶ, 送る)
例 the high **shipping** rate
(高い輸送料)

☑ 0198 **skeleton**

/ skélətn ‖ -tən /

名 **骨格**

例 discover a dinosaur **skeleton**
(恐竜の骨格を発見する)

☑ 0199 **theft**

/ θeft /

名 **窃盗**

例 lose precious artwork to **theft**
(貴重な芸術作品を窃盗によって失う)

☑ 0200 **transportation**

/ trænspəˈtéɪʃən ‖ -pɔːt- /

名 **交通機関**

派 動 **transport** (を輸送する)
例 use a cell phone on public **transportation**
(公共の交通機関で携帯電話を使用する)

☑ 0201 **association**

/ əsòʊsiéɪʃən /

名 **協会**

派 動 **associate** (を仲間に加える)
例 the president of the **association**
(その協会の会長)

☑ 0202 **complaint**

/ kəmpléɪnt /

名 **不満**

派 動 **complain** (不満を言う)
例 get a **complaint** from a difficult customer
(難しい顧客から苦情を受ける)

☑ 0203 **counseling**

/ káʊnsəlɪŋ /

名 **カウンセリング**

派 動 **counsel** (に助言する)
例 go to a **counseling** office
(カウンセリングオフィスへ行く)

START
1900語
25% 50% 75% 100%

単語編

RANK
A

動詞

名詞

形容詞・副詞

☑ 0204

counselor

/ káʊnsələʳ /

名 カウンセラー, 相談員

派 動 **counsel** (に助言する)

例 meet a school guidance **counselor**
(学校の指導相談員と会う)

☑ 0205

delivery

/ dɪlívəri /

名 配達

派 動 **deliver** (を配達する)

例 call a **delivery** service
(電話でデリバリーサービスを呼ぶ)

☑ 0206

executive

/ ɪgzékjətɪv /

名 重役

派 動 **execute** (を実行する)

例 Alan Marland, a former AM&S **executive**
(AM&S の元重役, アラン・マーランド)

☑ 0207

healthcare

/ hélθkeəʳ /

名 健康管理

例 new technologies related to **healthcare**
(健康管理と関連のある新しいテクノロジー)

☑ 0208

lobby

/ lá:bi ‖ lɔ́bi /

名 ロビー

例 join them in the **lobby** at 3 p.m.
(午後 3 時にロビーで彼らと落ち合う)

☑ 0209

moisture

/ mɔ́ɪstʃəʳ /

名 湿気

派 形 **moist** (湿った)

例 absorb **moisture** from its surroundings
(周りから湿気を吸収する)

☑ 0210

obstacle

/ á:bstəkəl ‖ ɔ́b- /

名 障害(物)

例 face a serious **obstacle**
(深刻な障害に直面する)

まとめてCheck!	類語をCheck! 「盗み」
theft	こっそりと盗むこと
robbery	暴力や脅しによって奪うこと
burglary	家屋に不法に侵入して盗むこと
shoplifting	万引きをすること

まとめてCheck!	意味をPlus! delivery

名 出産, 分娩:difficult **delivery**(難産)

名 話しぶり, 歌いぶり:a person's poor **delivery**(人の下手な話し方)

名 (野球などの)投球法, 投げられた球:a quick **delivery**(素早い投げ方)

必ずおさえておくべき重要単語

英検準1級名詞⑦

☑ 0211
plantation
/ plæntéɪʃən ǁ plɑːn- /

名 大農園
派 動 **plant** (を植える)
例 establish a huge rubber **plantation**
（広大なゴム農園を設立する）

☑ 0212
prescription
/ prɪskrípʃən /

名 処方せん
派 動 **prescribe** (を処方する)
例 get a **prescription** from one's doctor
（医師から処方せんを受け取る）

☑ 0213
proposal
/ prəpóʊzəl /

名 提案
派 動 **propose** (を提案する)
例 hand in one's **proposal** to the committee
（提案を委員会に提出する）

☑ 0214
psychology
/ saɪkάːlədʒi ǁ -kɔ́l- /   ●発音

名 心理学
派 形 **psychological** (心理的な)
例 consider a career in clinical **psychology**
（臨床心理学でのキャリアを考える）

☑ 0215
quantity
/ kwάːntəti ǁ kwɔ́n- /

名 量
例 produce large **quantities** of CO_2
（大量の二酸化炭素を排出する）

☑ 0216
rainfall
/ réɪnfɔːl /

名 降水量
例 predict **rainfall** more accurately
（降水量をより正確に予報する）

☑ 0217
recycling
/ riːsáɪklɪŋ /

名 リサイクル
派 動 **recycle** (を再利用する)
例 **recycling** of electrical goods
（電化製品のリサイクル）

☑ 0218
spending
/ spéndɪŋ /

名 出費
派 動 **spend** ((金額)を使う)
例 reduce one's **spending** on food
（食料への出費を減らす）

☑ 0219	**sunscreen** / sʌ́nskriːn /	名 **日焼け止めローション** 例 forget to reapply **sunscreen** （日焼け止めローションを塗り直すのを忘れる）
☑ 0220	**visa** / víːzə /	名 **ビザ** 例 obtain one's first working **visa** （初めての就労ビザを得る）
☑ 0221	**criticism** / krítəsizəm /	名 **批評** 派 名 **critic**（批評家） 例 face **criticism** from the Opposition （野党からの批判に直面する）
☑ 0222	**discount** / dískaunt /	名 **割引** 例 buy commodities at **discount** prices （日用品を割引価格で購入する）
☑ 0223	**emergency** / ɪmə́ːʳdʒənsi /	名 **緊急事態** 派 動 **emerge**（出てくる） 例 make an **emergency** landing （緊急着陸をする）
☑ 0224	**intake** / ínteɪk /	名 **摂取（量）** 例 reduce one's calorie **intake** （カロリーの摂取量を減らす）
☑ 0225	**livestock** / láɪvstɑːk ‖ -stɔk /	名 **家畜** 例 collect waste from **livestock** （家畜から排泄物を集める）

まとめてCheck!	語源をCheck!	**script「書く」**
prescription	pre（前もって）+scription（書かれたもの）→（処方せん）	
postscript	post（後から）+script（書かれたもの）→（追伸, 後書き）	
subscription	sub（下に）+scription（（仮前を）書くこと）→（予約購読）	

まとめてCheck!	派生語をPlus!	**psychology**
psychologically	副（精神的に, 心理的に）	
psychologist	名（心理学者）	

必ずおさえておくべき重要単語

英検準1級名詞⑧

☑ 0226 **nutrition**

/ njuːtríʃən /

名 栄養摂取
派 名 **nutrient** (栄養物)
例 problems caused by lack of **nutrition**
(栄養不足によって引き起こされる問題)

☑ 0227 **outcome**

/ áʊtkʌm /

名 (最終的な)結果
例 the **outcome** of each match (各試合の結果)

☑ 0228 **participation**

/ pɑːˌtìsɪpéɪʃən /

名 参加
派 動 **participate** (参加する)
例 a high rate of **participation** in SNS
(SNSへの高い参加率)

☑ 0229 **pest**

/ pest /

名 有害な小動物[虫]
例 eliminate **pests** from the fields
(田畑から害虫を撲滅する)

☑ 0230 **pesticide**

/ péstɪsaɪd /

名 殺虫剤
派 名 **pest** (有害な小動物[虫])
例 the list of fruit that contains **pesticides**
(殺虫剤を含んでいる果物のリスト)

☑ 0231 **promotion**

/ prəmóʊʃən /

名 昇進
派 動 **promote** (を昇進させる)
例 get a **promotion** (昇進する)

☑ 0232 **shelter**

/ ʃéltəʳ /

名 避難(所)
例 open an animal **shelter**
(動物保護施設をオープンする)

☑ 0233 **tornado**

/ tɔːˌnéɪdoʊ /

名 竜巻
例 collect data on **tornadoes**
(竜巻に関するデータを収集する)

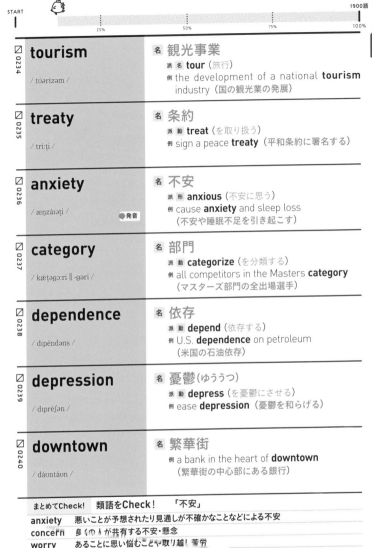

☑ 0234	**tourism** / túərizəm /	名 観光事業
		派 名 **tour** (旅行)
		例 the development of a national **tourism** industry (国の観光業の発展)

☑ 0235	**treaty** / tríːti /	名 条約
		派 動 **treat** (を取り扱う)
		例 sign a peace **treaty** (平和条約に署名する)

☑ 0236	**anxiety** / æŋzáiəti / ●発音	名 不安
		派 形 **anxious** (不安に思う)
		例 cause **anxiety** and sleep loss (不安や睡眠不足を引き起こす)

☑ 0237	**category** / kǽtəɡɔːri ‖ -ɡəri /	名 部門
		派 動 **categorize** (を分類する)
		例 all competitors in the Masters **category** (マスターズ部門の全出場選手)

☑ 0238	**dependence** / dipéndəns /	名 依存
		派 動 **depend** (依存する)
		例 U.S. **dependence** on petroleum (米国の石油依存)

☑ 0239	**depression** / dipréʃən /	名 憂鬱(ゆううつ)
		派 動 **depress** (を憂鬱にさせる)
		例 ease **depression** (憂鬱を和らげる)

| ☑ 0240 | **downtown** / dàuntáun / | 名 繁華街 |
| | | 例 a bank in the heart of **downtown** (繁華街の中心部にある銀行) |

まとめてCheck! 類語をCheck! 「不安」

anxiety	悪いことが予想されたり見通しが不確かなことなどによる不安
concern	多くの人が共有する不安・懸念
worry	あることに思い悩むことや取り越し苦労

まとめてCheck! 語源をCheck! press「押す」

depression	de(下に)+pression(押すこと)→(憂鬱)
express	ex(外へ)+press(押す)→(表現する)
impress	im(心の中へ)+press(押し付ける)→(印象を与える)
suppress	sup(下に)+press(押し付ける)→(抑圧する)

必ずおさえておくべき重要単語

英検準1級名詞⑨

☑ 0241	**feedback** / fíːdbæk /	名 フィードバック 例 give a person **feedback** （人にフィードバックを与える）
☑ 0242	**fund** / fʌnd /	名 資金 派 形 **fundamental**（基本的な） 例 accept illegal campaign **funds** （違法な選挙資金を受け取る）
☑ 0243	**hormone** / hɔ́ːrmoun /	名 ホルモン 例 respond well to stress **hormones** （ストレスホルモンに好反応を示す）
☑ 0244	**lab** / læb /	名 実験室 例 spend 12 hours in the **lab** （実験室で 12 時間過ごす）
☑ 0245	**laborer** / léɪbərərʳ /	名 （肉体）労働者 派 名 **labor**（労働） 例 displace low-wage **laborers** （低賃金の肉体労働者を辞めさせる）
☑ 0246	**manufacturing** / mæ̀njəfǽktʃərɪŋ /	名 工業 派 動 **manufacture**（を（機械で大規模に）作る） 例 industries such as **manufacturing** and agriculture（工業や農業といった産業）
☑ 0247	**membership** / mémbərʳʃɪp /	名 会員（数） 例 a recent drop in **membership** numbers （会員数の最近の落ち込み）
☑ 0248	**organism** / ɔ́ːrɡənɪzəm /	名 有機体 例 trillions of microscopic **organisms** （無数の微生物）

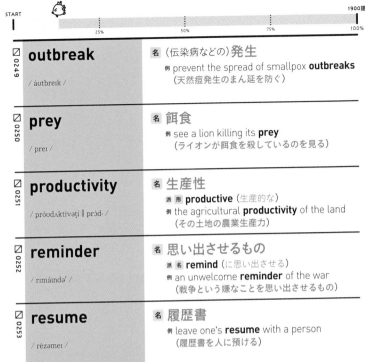

☑ 0249	**outbreak** / áutbreɪk /	名 (伝染病などの)**発生** 例 prevent the spread of smallpox **outbreaks** (天然痘発生のまん延を防ぐ)
☑ 0250	**prey** / preɪ /	名 **餌食** 例 see a lion killing its **prey** (ライオンが餌食を殺しているのを見る)
☑ 0251	**productivity** / pròʊdʌktívəṭi ‖ prɔ̀d- /	名 **生産性** 派 形 **productive** (生産的な) 例 the agricultural **productivity** of the land (その土地の農業生産力)
☑ 0252	**reminder** / rɪmáɪndəʳ /	名 **思い出させるもの** 派 名 **remind** (に思い出させる) 例 an unwelcome **reminder** of the war (戦争という嫌なことを思い出させるもの)
☑ 0253	**resume** / rézəmeɪ /	名 **履歴書** 例 leave one's **resume** with a person (履歴書を人に預ける)
☑ 0254	**retirement** / rɪtáɪəʳmənt /	名 **退職** 派 動 **retire** (退職する) 例 take early **retirement** (早期退職をする)
☑ 0255	**tablet** / tæblət /	名 **タブレット** 例 buy a new **tablet** computer (新しいタブレットコンピューターを購入する)

まとめてCheck!	類語をCheck!	「労働者」
worker	「働く人」を一般的に表す語	
laborer	技術ではなく体力を要する仕事をする肉体労働者	
workman	手作業による仕事を行う人でふつう特定の技術を持つ人を表す	

まとめてCheck! 意味をPlus! **tablet**

名 錠剤:take three **tablets** after meals(食後に3錠服用する)
名 銘板:a memorial **tablet**(記念碑)

必ずおさえておくべき重要単語

英検準1級名詞⑩

☑ 0256
tension
/ ténʃən /

名 緊迫状態
派 形 **tense** (緊迫した)
例 political **tension** between the two countries
（その2か国の政治的緊張状態）

☑ 0257
thief
/ θiːf /

名 泥棒
例 protect a person from **thieves**
（人を泥棒から守る）
複数形は **thieves** / θiːvz /

☑ 0258
tissue
/ tíʃuː /

名 (細胞の)組織
例 read signals sent by damaged brain **tissue**
（傷ついた脳組織から送られる信号を読み取る）

☑ 0259
tribe
/ traɪb /

名 部族
派 形 **tribal** (種族の)
例 settle disputes with neighboring **tribes**
（隣接した部族との争いを解決する）

☑ 0260
biology
/ baɪɑ́ːlədʒi ‖ -ɔ́l- /

名 生物学
派 形 **biological** (生物学上の)
例 study **biology** at college
（大学で生物学を勉強する）

☑ 0261
breeding
/ bríːdɪŋ /

名 繁殖
派 動 **breed** (繁殖させる)
例 a good **breeding** ground for bacteria
（バクテリアにとって好都合な温床）

☑ 0262
contribution
/ kὰːntrɪbjúːʃən ‖ kὸn- /

名 貢献
派 動 **contribute** (貢献する)
例 make a significant **contribution** to the
company （その会社に重要な貢献をする）

☑ 0263
cough
/ kɔːf ‖ kɔf /
●発音

名 せき
例 have an annoying **cough** （嫌なせきが出る）

☑ 0264	**deadline** / dédlaɪn /	名 締め切り 例 meet the **deadline** for a report （レポートの締め切りに間に合う）

☑ 0265	**disagreement** / disəgríːmənt /	名 不一致 派 動 **disagree**（意見が合わない） 例 **disagreements** over financial problems （財政上の問題を巡っての不一致）

名詞

☑ 0266	**dispute** / dɪspjúːt /	名 紛争 例 deal with territorial **disputes** between countries （国家間の領土を巡る紛争を処理する）

☑ 0267	**dormitory** / dɔ́ːrmətɔːri ‖ -tri /	名 寮 例 strict **dormitory** rules（厳しい寮の規則）

☑ 0268	**draft** / dræft ‖ drɑːft /	名 草案 例 take the revised **draft** to the meeting （草案の修正版を会議に持って行く）

☑ 0269	**drought** / draʊt /　●発音	名 干ばつ 例 keep a stock of food for use in times of **drought** （干ばつの時のために食料を備蓄しておく）

☑ 0270	**estate** / ɪstéɪt /	名 財産 例 invest a lot of money in real **estate** （不動産に多額の金を投資する）

まとめてCheck!	関連語をCheck！	cough（せき）	
breathlessness	（息切れ）	headache	（頭痛）
sneeze	（くしゃみ）	stomachache	（腹痛）
sore throat	（咽頭痛）	chill	（悪寒）
high fever	（高熱）	vomiting	（嘔吐(おうと)）

まとめてCheck!	意味をPlus！　draft
名 すき間風：stop **drafts**（すき間風を防ぐ）	
名 徴兵：avoid the **draft**（徴兵を忌避する）	
名 (スポーツの)ドラフト制：the second round of the **draft**（ドラフト2巡目）	

必ずおさえておくべき重要単語

英検準1級名詞⑪

☑ 0271

expansion

/ ɪkspǽnʃən /

名 発展

派 動 **expand**（を発展させる）
例 economic **expansion** in China
（中国の経済発展）

☑ 0272

fitness

/ fítnəs /

名 健康（状態）

例 encourage physical **fitness**
（身体の健康を促進する）

☑ 0273

grassland

/ grǽslænd ‖ grάːs- /

名 草地

例 live on plains or **grasslands**
（平原や草地に生息している）

☑ 0274

historian

/ hɪstɔ́ːriən /

名 歴史学者

派 名 **history**（歴史）
例 a British **historian**（英国の歴史学者）

☑ 0275

housing

/ háʊzɪŋ /

名 住宅

派 名 **house**（家）
例 demand for **housing**（住宅に対する需要）

☑ 0276

inquiry

/ ɪnkwáɪəri, íŋkwəri /

名 問い合わせ

派 動 **inquire**（を尋ねる）
例 **inquiries** about billing
（請求書の送付についての問い合わせ）

☑ 0277

laser

/ léɪzəʳ /

名 レーザー光線

例 use low-level **laser** therapy
（低出力レーザー療法を使う）

☑ 0278

mayor

/ méɪəʳ ‖ meə /

名 市長

例 the **mayor** of New York（ニューヨーク市長）

☑ 0279
microbe
/ máikroub /

名 微生物
例 reduce the number of **microbes** in its gut microbiome
（腸内微生物叢の微生物の数を減少させる）

☑ 0280
opponent
/ əpóʊnənt /

名 相手
派 動 **oppose**（に対抗する）
例 harm the **opponent** in order to win
（勝つために相手を傷つける）

☑ 0281
ownership
/ óʊnəʳʃɪp /

名 所有権
派 動 **own**（を所有する）
例 claim **ownership** of resources
（財産の所有権を主張する）

☑ 0282
pathway
/ pǽθweɪ ‖ pάːθ- /

名 小道
例 be accessible by a sloped **pathway**
（傾斜した小道を通って入場できる）

☑ 0283
pottery
/ pάːʈəri ‖ pɔ́t- /

名 陶磁器類
派 名 **pot**（つぼ）
例 **pottery** found in different garbage dumps
（異なるごみ捨て場で見つかった陶磁器類）

☑ 0284
provider
/ prəváɪdəʳ /

名 プロバイダー
派 動 **provide**（を供給する）
例 contact a service **provider**
（プロバイダーと連絡を取る）

☑ 0285
publisher
/ pʌ́blɪʃəʳ /

名 出版社
派 動 **publish**（を出版する）
例 request feedback from **publishers**
（出版社にフィードバックを求める）

まとめてCheck!	意味をPlus！	inquiry

名 **調査, 取り調べ, 捜査**：murder **inquiry**（殺人捜査）
名 **研究, 探究**：scientific **inquiry**（科学研究）

まとめてCheck!	関連語をCheck！	pottery（陶磁器類）
tableware	（食卓用食器類）	woodenware （木製品）
glassware	（ガラス食器類）	lacquerware （漆器）
silverware	（銀食器類）	cutlery （銀食器類）

必ずおさえておくべき重要単語

英検準1級名詞⑫

☑ 0286
reception
/ rɪsépʃən /

名 宴会
派 動 **receive**（を歓迎する）
例 organize a wedding **reception**
（結婚披露宴を準備する）

☑ 0287
reduction
/ rɪdʌkʃən /

名 割引, 削減
派 動 **reduce**（を減少させる）
例 get a price **reduction** on the sofa
（ソファの値引きをしてもらう）

☑ 0288
replacement
/ rɪpléɪsmənt /

名 交換
派 動 **replace**（と取り換える）
例 **replacement** of workers with robots
（労働者とロボットとの交換）

☑ 0289
revenue
/ révənjuː /

名 歳入, 収入
例 the company's strategies to increase **revenue**
（収入を増やすための会社の戦略）

☑ 0290
sector
/ séktəʳ /

名 部門
例 the retail **sector**（小売部門）

☑ 0291
statistics
/ stətístɪks /

名 統計
派 形 **statistical**（統計の）
例 have knowledge of stock market **statistics**
（株式市場の統計について知識がある）

☑ 0292
thesis
/ θíːsɪs /

名 論文
例 a graduation **thesis** meeting（卒業論文会議）

複数形は **theses** / θíːsiːz /

☑ 0293
wildlife
/ wáɪldlaɪf /

名 野生生物
例 create a suitable environment for **wildlife**
（野生生物に適した環境をつくる）

☑ 0294 **acid**

/ǽsɪd/

名 酸

例 wash away **acid** (酸を洗い流す)

acid rain 「酸性雨」

☑ 0295 **administrator**

/ədmínɪstreɪtə˞/

名 管理者

派 動 **administer** ((国など)を治める)

例 a nursing **administrator** (看護管理者)

名詞

☑ 0296 **allergy**

/ǽlə˞dʒi/

名 アレルギー

派 形 **allergic** (アレルギーの)

例 have an **allergy** to wheat
(小麦に対するアレルギーがある)

☑ 0297 **analyst**

/ǽnəlɪst/

名 分析者

派 動 **analyze** (を分析する)

例 a consumer **analyst** (消費者アナリスト)

☑ 0298 **applicant**

/ǽplɪkənt/

名 応募者

派 動 **apply** (志願する)

例 **applicants** for the Sales Manager position
(営業部長のポジションへの志願者)

☑ 0299 **awareness**

/əwéə˞nəs/

名 知ること

派 形 **aware** (気がついて)

例 raise global **awareness** of the issue
(その問題についての国際的な認識を高める)

☑ 0300 **capacity**

/kəpǽsəti/

名 収容力

派 形 **capable** (能力がある)

例 passenger **capacity** of liners
(定期船の乗客定員)

まとめてCheck!	意味をPlus!	reception

名 反応, 評判：meet with a mixed **reception**(賛否両論の評価を得る)
名 受領, 受け入れ：the **reception** of refugees(難民の受け入れ)
名 受信(状態)：My cell phone **reception** is bad.(携帯の受信状態が悪い。)
名 受付, フロント：check in at **reception**(フロントでチェックインする)

まとめてCheck!	語源をCheck!	duct「導く」
reduction	re(後ろへ)+duct(導くこと)→(割引, 削減)	
conduct	con(共に)+duct(導く)→(案内する, 指揮する)	
product	pro(前へ)+duct(取り出されたもの)→(産物)	
introduction	intro(中へ)+duction(導くこと)→(導入, 紹介)	

必ずおさえておくべき重要単語

英検準1級名詞⑬

☑ 0301

circumstance

/ sə́ːˈkəmstæns /

名 状況

例 in unexpected **circumstances**
（予想外の状況において）

☑ 0302

civilization

/ sìvələzéɪʃən ‖ -laɪz- /

名 文明

派 動 **civilize**（を文明化する）
例 the development of modern **civilization**
（現代文明の発達）

☑ 0303

clue

/ kluː /

名 手掛かり

例 rely on visual and auditory **clues**
（視覚や聴覚の手掛かりに頼る）

☑ 0304

conservation

/ kɑ̀ːnsəˈvéɪʃən ‖ kɔ̀n- /

名 保護

派 形 **conservative**（保守的な）
例 a **conservation** group in Uganda
（ウガンダの保護グループ）

☑ 0305

debt

/ det /
●発音

名 借金

派 名 **debtor**（借り主）
例 get into **debt**（借金をする）

☑ 0306

dioxide

/ daɪɑ́ːksaɪd ‖ -ɔ́k- /

名 二酸化物

例 absorb carbon **dioxide**
（二酸化炭素を吸収する）

☑ 0307

distribution

/ dìstrɪbjúːʃən /

名 （動植物などの）分布

派 動 **distribute**（を分配する）
例 the population **distribution** of hyenas in the savanna
（サバンナにおけるハイエナの個体分布）

☑ 0308

exposure

/ ɪkspóʊʒəʳ /

名 （身を）さらすこと

派 動 **expose**（をさらす）
例 excessive **exposure** to UV rays
（紫外線に過度に身をさらすこと）

☑ 0309	**firm** / fəːˈm /	名 会社 例 work as a secretary at a marketing **firm** （マーケティング会社で秘書として働く）

☑ 0310	**formation** / fɔːˈméɪʃən /	名 構成, 形成 派 動 **form** (を形作る) 例 gather data on tornado **formation** （竜巻の形成に関するデータを収集する）

☑ 0311	**immigration** / ìmɪgréɪʃən /	名 入国 派 動 **immigrate** (移住する) 例 register with the **immigration** office （入国管理局に登録する）

☑ 0312	**infant** / ínfənt /	名 幼児 派 名 **infancy** (幼少(であること)) 例 teach **infants** the art of communication （幼児にコミュニケーション術を教える）

☑ 0313	**leadership** / líːdəˈʃɪp /	名 指導力 例 acquire **leadership** skills （統率力を身につける）

☑ 0314	**maintenance** / méɪntənəns /	名 整備 派 動 **maintain** (を整備する) 例 **maintenance** to keep the machine running well （機械を問題なく作動させておくための保守作業）

☑ 0315	**minister** / mínɪstəˈ /	名 (英国・日本などの)大臣 派 名 **ministry** ((英国・日本などの)省) 例 the Prime **Minister** (総理大臣)

動詞

名詞

形容詞・副詞

まとめてCheck! 語源をCheck! pos, pose「置く」	
exposure	ex(外に)+posure(置くこと)→((身を)さらすこと)
impose	im(上に)+pose(置く)→((税などを)課す)
opposite	op(逆らって)+posite(置かれた)→(反対の, 逆の)
proposal	pro(前の方に)+posal(置くこと)→(提案)

まとめてCheck! 類語をCheck! 「会社」	
company	「会社」の意味を表す最も一般的な語
firm	複数人の合資で経営される会社や商社など
corporation	有限会社または株式会社

必ずおさえておくべき重要単語

英検準1級名詞⑭

☑ 0316
orientation

/ ɔ̀:riəntéɪʃən /

名 オリエンテーション

派 動 **orient** (を適応させる)

例 attend an **orientation** for new students
(新入生向けのオリエンテーションに出席する)

☑ 0317
planning

/ plǽnɪŋ /

名 計画, 立案

派 動 **plan** (の計画を立てる)

例 implement city **planning**
(都市計画を実現する)

☑ 0318
resistance

/ rɪzístəns /

名 抵抗(力)

派 動 **resist** (に抵抗する)

例 glide through the water with less **resistance**
(より少ない抵抗力で水中を滑るように動く)

☑ 0319
restriction

/ rɪstríkʃən /

名 制限

派 動 **restrict** (を制限する)

例 face strict export **restrictions**
(厳しい輸出制限に直面する)

☑ 0320
settlement

/ sétlmənt /

名 解決, 合意

派 動 **settle** (を解決する)

例 reject the terms of a **settlement**
(合意の条件を拒絶する)

☑ 0321
starvation

/ stɑːrvéɪʃən /

名 餓死

派 動 **starve** (餓死する)

例 lead to the risk of **starvation**
(餓死の危険に至らしめる)

☑ 0322
troop

/ truːp /

名 軍隊

例 send armed **troops** in to occupy the territory
(領土を占領するために武装した軍隊を派遣する)

☑ 0323
workplace

/ wɔ́ːrkpleɪs /

名 仕事場

例 gain practical knowledge of the **workplace**
(仕事場の実用的知識を身につける)

名詞

☑ 0324

cashier

/ kæʃíə^r / 🔊アク

名 会計係, レジ係

派 動 cash (を現金に換える)

例 go to the **cashier's** window(会計窓口に行く)

☑ 0325

checkup

/ tʃékʌp /

名 健康診断

例 have a medical **checkup** (健康診断を受ける)

☑ 0326

component

/ kəmpóunənt /

名 構成要素

例 as a **component** of biogas
(バイオガスの構成要素として)

☑ 0327

compound

/ ká:mpaund ‖ kɔ́m- /

名 化合物

例 a bacteria-killing **compound** called hydrogen peroxide
(過酸化水素という細菌を殺す化合物)

☑ 0328

context

/ ká:ntekst ‖ kɔ́n- /

名 (事柄の)背景, 文脈

例 be studied in a historical **context**
(歴史的背景に照らして研究される)

☑ 0329

corporation

/ kɔ̀:^rpəréiʃən /

名 企業

派 形 **corporate** (企業の)

例 a major **corporation** (大企業)

☑ 0330

curriculum

/ kəríkjələm /

名 カリキュラム

例 adjust a **curriculum** to meet standards
(基準に見合うようカリキュラムを調整する)

複数形は〜 s または curricula / kəríkjələ /

まとめてCheck!	意味をPlus!	settlement

名 返済, 評判：the **settlement** of debt(借金の返済)

名 入植, 入植地：the **settlement** of North America(北米への入植)

まとめてCheck!	関連語をCheck!	troop(軍隊)	
corps	(軍団)	battalion	(大隊)
division	(師団)	company	(中隊)
brigade	(旅団)	platoon	(小隊)
regiment	(連隊)	headquarters	(司令部)

必ずおさえておくべき重要単語

英検準1級名詞⑮

☑ 0331 **developer**
/ dɪvéləpəʳ /

名 宅地造成業者
派 動 **develop** ((宅地など)を造成する)
例 an urban **developer** (都市の宅地造成業者)

☑ 0332 **disappearance**
/ dìsəpíərəns /

名 消失
派 動 **disappear** (消失する)
例 reasons behind the **disappearance** of company towns (企業城下町の消滅の理由)

☑ 0333 **equality**
/ ɪkwάːləṭi ‖ -kwɔ́l- /

名 平等
派 形 **equal** (等しい)
例 achieve workplace **equality** (職場での平等を成し遂げる)

☑ 0334 **establishment**
/ ɪstǽblɪʃmənt /

名 (既成の)体制
派 動 **establish** (を設立する)
例 the U.S. medical **establishment** (米国の医学界)

☑ 0335 **extension**
/ ɪksténʃən /

名 (電話の)内線
派 動 **extend** (を延長する)
例 call **extension** 1234 (内線 1234 に電話をかける)

☑ 0336 **farmland**
/ fάːʳmlænd /

名 農地
例 an irrigation system that supplies water to **farmland** (農地に水を供給するかんがいシステム)

☑ 0337 **hardware**
/ hάːʳdweəʳ /

名 ハードウエア
例 affordable computer **hardware** and software (手頃なコンピューターのハードウエアとソフトウエア)

☑ 0338 **inhabitant**
/ ɪnhǽbətənt /

名 居住者
派 動 **inhabit** (に住んでいる)
例 the first **inhabitants** of the region (その地域の最初の住民)

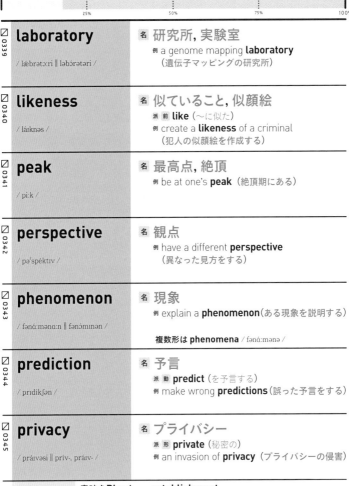

☑ 0339	**laboratory** / lǽbrətɔːri ‖ ləbɔ́rətəri /	名 研究所, 実験室 例 a genome mapping **laboratory** （遺伝子マッピングの研究所）
☑ 0340	**likeness** / láɪknəs /	名 似ていること, 似顔絵 派 前 **like**（〜に似た） 例 create a **likeness** of a criminal （犯人の似顔絵を作成する）
☑ 0341	**peak** / piːk /	名 最高点, 絶頂 例 be at one's **peak**（絶頂期にある）
☑ 0342	**perspective** / pəˈspéktɪv /	名 観点 例 have a different **perspective** （異なった見方をする）
☑ 0343	**phenomenon** / fənɑ́ːmənɑːn ‖ fənɔ́mɪnən /	名 現象 例 explain a **phenomenon**（ある現象を説明する） 複数形は **phenomena** / fənɑ́ːmənə /
☑ 0344	**prediction** / prɪdíkʃən /	名 予言 派 動 **predict**（を予言する） 例 make wrong **predictions**（誤った予言をする）
☑ 0345	**privacy** / práɪvəsi ‖ prív-, práɪv- /	名 プライバシー 派 形 **private**（秘密の） 例 an invasion of **privacy**（プライバシーの侵害）

まとめてCheck! 意味をPlus! **establishment**

名 組織, 団体, 機関：an educational **establishment**（教育機関）

名 創立, 設立：the **establishment** of a company（会社の設立）

まとめてCheck! 語源をCheck! **dict「言う」**

prediction	pre(前もって)+diction(言うこと)→(予言)
contradict	contra(反対のことを)+dict(言う)→(否定する, 矛盾する)
verdict	ver(真実の)+dict(言葉)→(評決)

必ずおさえておくべき重要単語

英検準1級名詞⑯

☑ 0346
qualification

/ kwɑ̀:lɪfɪkéɪʃən ‖ kwɔ̀l- /

名 資格
派 動 **qualify**（に資格を与える）
例 lie about one's **qualifications**
（自分の資格についてうそを言う）

☑ 0347
recording

/ rɪkɔ́:ʳdɪŋ /

名 録音
派 動 **record**（を録音する）
例 listen to a concert **recording**
（コンサートの録音を聴く）

☑ 0348
removal

/ rɪmú:vəl /

名 除去
派 動 **remove**（を取り除く）
例 be often used for hair **removal**
（しばしば脱毛に使われる）

☑ 0349
reputation

/ rèpjətéɪʃən /

名 評判
派 名 **repute**（評判）
例 have a good **reputation**（評判が良い）

☑ 0350
snack

/ snæk /

名 軽食
例 eat too many **snacks**
（おやつをたくさん食べ過ぎる）

☑ 0351
spice

/ spaɪs /

名 スパイス, 香辛料
派 形 **spicy**（香辛料の効いた）
例 think of **spices** mainly as flavor enhancers
（スパイスを主に風味を増すものとして考える）

☑ 0352
storage

/ stɔ́:rɪdʒ /

名 保管所
派 動 **store**（を蓄える）
例 be kept in **storage**（貯蔵庫に保管されている）

☑ 0353
surgeon

/ sə́:ʳdʒən /

名 外科医
派 形 **surgical**（外科(医)の）
例 an experienced **surgeon**（経験のある外科医）

名詞

surplus
☑ 0354

/ sə́ːˈplʌs ‖ -pləs /

名 余剰
例 a **surplus** of eggs（卵の余り）

---

surrounding
☑ 0355

/ səráʊndɪŋ /

名 境遇
派 動 **surround**（を囲む）
例 curiosity about a person's **surroundings**
（人の境遇についての好奇心）

---

technician
☑ 0356

/ teknɪ́ʃən /

名 専門家
派 形 **technical**（専門の）
例 hire a **technician**（専門家を雇う）

---

vegetation
☑ 0357

/ vèdʒətéɪʃən /

名 (ある地域に生息する)植物
派 名 **vegetable**（(鉱物・動物に対して)植物）
例 the unique **vegetation** found along the river
（その川に沿って見られる珍しい植物）

---

veterinarian
☑ 0358

/ vètərənéəriən /

名 獣医
例 take a dog to a **veterinarian**
（犬を獣医の所へ連れて行く）

---

wheat
☑ 0359

/ hwiːt /

名 小麦
例 grow a new kind of **wheat**
（新種の小麦を栽培する）

---

workforce
☑ 0360

/ wə́ːˈkfɔːˈs /

名 労働人口
例 one-fourth of the U.S. **workforce**
（米国の労働人口の 4 分の 1）

まとめてCheck!	関連語をCheck!	surgeon(外科医)	
physician	(内科医)	neurologist	(神経科医)
orthopedic surgeon	(整形外科医)	radiologist	(放射線科医)
gynecologist	(婦人科医)	anesthesiologist	(麻酔医)
pediatrician	(小児科医)	dermatologist	(皮膚科医)

まとめてCheck!	派生語をPlus!	vegetation
vegetarian	名 (菜食主義者)	
vegetative	形 (植物の)	

RANK A　必ずおさえておくべき重要単語

英検準1級形容詞・副詞など①

☑ 0361 **concerned**

/ kənsə́ːʳnd /

形 心配している

派 動 **concern** (を心配させる)

例 be **concerned** about cost
（費用を心配している）

☑ 0362 **severe**

/ sɪvíəʳ /

形 容赦のない

派 名 **severity** (厳しさ)

例 **severe** weather conditions（厳しい気象状況）

☑ 0363 **increasingly**

/ ɪnkríːsɪŋli /

副 ますます

派 動 **increase** (増す)

例 people's **increasingly** busy lifestyles
（ますます忙しくなっている人々の暮らし）

☑ 0364 **limited**

/ límɪṭɪd /

形 限られた

派 動 **limit** (を制限する)

例 a **limited** budget （限られた予算）

☑ 0365 **rural**

/ rúərəl /

形 田舎の

例 people in **rural** areas （田園地帯の人々）

☑ 0366 **potential**

/ pəténʃəl /

形 潜在的な

派 副 **potentially** (潜在的に)

例 consider **potential** problems
（潜在的な問題を検討する）

☑ 0367 **regularly**

/ régjələʳli /

副 定期的に

派 形 **regular** (定期的な)

例 check a car **regularly**
（車を定期的に点検する）

☑ 0368 **illegal**

/ ɪlíːgəl /

形 違法の

派 副 **illegally** (違法に)

例 sell **illegal** drugs（違法なドラッグを販売する）

形容詞・副詞など

☑ 0369
urban
/ ə́ːrbən /

形 都市の
例 crimes in **urban** areas（都市部の犯罪）

☑ 0370
additional
/ ədíʃənəl /

形 追加の
派 名 **addition**（追加）
例 pay an **additional** fee（追加料金を支払う）

☑ 0371
efficient
/ ɪfíʃənt /

形 効率的な
派 名 **efficiency**（効率）
例 an **efficient** use of energy
（エネルギーの効率的な利用）

☑ 0372
alternative
/ ɔːltə́ːrnətɪv /　　🔊アク

形 代わりの
派 動 **alternate**（交替する）
例 explore **alternative** sources of energy
（代替エネルギー源を探査する）

☑ 0373
frequently
/ fríːkwəntli /

副 頻繁に
派 形 **frequent**（頻繁に起こる）
例 travel **frequently** on business
（頻繁に出張する）

☑ 0374
organic
/ ɔːrɡǽnɪk /

形 有機の
派 名 **organ**（器官）
例 **organic** vegetables（有機野菜）

☑ 0375
annual
/ ǽnjuəl /

形 年1度の
派 副 **annually**（年1度）
例 an **annual** conference（年次大会）

まとめてCheck! 意味をPlus! severe

形 （病気などが）深刻な, 重い：a **severe** injury（重傷）
形 困難な：face a **severe** test（厳しい試練に直面する）

まとめてCheck! 反意語をCheck!

regularly	⇔ **irregularly**（不定期的に）
illegal	⇔ **legal**（合法の）
efficient	⇔ **inefficient**（非効率的な）

必ずおさえておくべき重要単語

英検準1級形容詞・副詞など②

☑ 0376
overall
/ òʊvərɔ́:l /

形 **全体の**
例 the **overall** cost of living（全生活費）

☑ 0377
unlikely
/ ʌnláɪkli /

形 **ありそうもない**
例 an **unlikely** choice（ありそうもない選択）

☑ 0378
harmful
/ háːˈmfəl /

形 **有害な**
派 名 **harm**（害）
例 contain **harmful** chemicals
（有害な化学物質を含む）

☑ 0379
previously
/ príːviəsli /

副 **以前に**
派 形 **previous**（前の）
例 evidence of a **previously** unknown civilization
（以前には知られていなかった文明の証拠）

☑ 0380
athletic
/ æθlétɪk /

形 **運動の**
派 名 **athlete**（運動選手）
例 boost **athletic** performance
（運動能力を増大させる）

☑ 0381
minimum
/ mínɪməm /

形 **最小限の**
例 raise the **minimum** wage
（最低賃金を引き上げる）

☑ 0382
permanent
/ pɚ́ːˈmənənt /

形 **永久の, 永続的な**
派 副 **permanently**（永久に）
例 **permanent** residency（永住権）

☑ 0383
widespread
/ wáɪdspred /

形 **広範囲に及ぶ**
例 **widespread** environmental harm
（広範囲に及ぶ環境の被害）

☑ 0384

automatic

/ ɔ̀ːṭəmǽṭɪk /

形 自動の
派 副 **automatically**（自動的に）
例 rent an **automatic** car
（オートマチック車を借りる）

☑ 0385

technological

/ tèknəlάːdʒɪkəl ‖ -lɔ́dʒ- /

形 科学技術の
派 名 **technology**（科学技術）
例 the pace of **technological** advances
（科学技術の進歩のペース）

☑ 0386

currently

/ kə́ːrəntli ‖ kʌ́r- /

副 現在（のところ）
派 形 **current**（現在の）
例 the method **currently** used
（現在使われている方法）

☑ 0387

domestic

/ dəméstɪk /

形 国内の
派 副 **domestically**（国内で）
例 **domestic** oil production（国内の石油生産）

☑ 0388

extreme

/ ɪkstríːm /

形 極端な
派 副 **extremely**（極度に）
例 **extreme** physical discomfort
（極度の身体の不調）

☑ 0389

marine

/ məríːn /

形 海の
例 large **marine** animals（大型の海洋動物）

☑ 0390

properly

/ prάːpəʔli ‖ prɔ́p- /

副 きちんと, 正しく
派 形 **proper**（ふさわしい, 正しい）
例 This machine doesn't work **properly**.
（この機械はきちんと動作しない。）

まとめてCheck!	反意語をCheck!
permanent	⇔ **temporary**（一時的な）
domestic	⇔ **foreign**（外国の）
properly	⇔ **improperly**（不適切に）

まとめてCheck!	派生語をPlus!	extreme
extremism	名 ((宗教・政治などの) 極論, 過激主義)	
extremist	名 (極端主義者, 過激主義者)	
extremity	名 (極み, 極端, 極度)	

形容詞・副詞など

必ずおさえておくべき重要単語

英検準1級形容詞・副詞など③

☑ 0391	**excessive** / ɪksésɪv /	形 過度の 派 名 **excess**（超過） 例 cause **excessive** noise （度を越した騒音を引き起こす）
☑ 0392	**mechanical** / mɪkǽnɪkəl /	形 機械の 派 名 **machine**（機械） 例 deal with **mechanical** problems （機械的な問題を処理する）
☑ 0393	**psychological** / sàɪkəlɑ́ːdʒɪkəl ‖ -lɔ́dʒ- /	形 心理的な 派 名 **psychology**（心理学） 例 be associated with **psychological** stress （精神的なストレスと関連している）
☑ 0394	**relatively** / rélətɪvli /	副 比較的 派 形 **relative**（比較上の） 例 a **relatively** clean energy （比較的クリーンなエネルギー）
☑ 0395	**competitive** / kəmpétətɪv /	形 競争力のある 派 動 **compete**（競争する） 例 be **competitive** in the industry （その産業で競争力がある）
☑ 0396	**electrical** / ɪléktrɪkəl /	形 電気の 派 形 **electric**（電気で動く） 例 read the brain's **electrical** impulses （脳の電気的刺激を読み取る）
☑ 0397	**initial** / ɪníʃəl /	形 初めの 派 名 **initiative**（主導権） 例 be over the **initial** construction costs （当初の建設コストを越えている）
☑ 0398	**similarly** / símələˈli /	副 同様に 派 形 **similar**（似ている） 例 in **similarly** sized cities （同様の規模の都市において）

☑ 0399	**stable** / stéɪbəl /	形 **安定した** 派 名 **stability**（安定） 例 an emotionally **stable** adult （感情が安定した大人）
☑ 0400	**sufficient** / səfíʃənt /　アク	形 **十分な** 派 名 **sufficiency**（十分） 例 receive a **sufficient** income （十分な収入を受け取る）
☑ 0401	**accessible** / əksésəbəl /	形 **接近できる, 利用できる** 派 名 **access**（接近（方法）） 例 make art **accessible** to the public （芸術を大衆が触れられるようにする）
☑ 0402	**advanced** / ədvǽnst ‖ -váːnst /	形 **進歩した** 派 動 **advance**（を進歩させる） 例 in technologically **advanced** countries （科学技術が進歩した国々において）
☑ 0403	**conventional** / kənvénʃənəl /	形 **従来の** 派 名 **convention**（慣習） 例 **conventional** ways of power generation （従来の発電方法）
☑ 0404	**elsewhere** / élshweəʳ ‖ èlswéə /	副 **どこかほかの所で** 例 look for jobs **elsewhere** （どこかほかの所で職を探す）
☑ 0405	**federal** / fédərəl /	形 **連邦の** 例 with the help from the **federal** government （連邦政府からの援助で）

まとめてCheck!	派生語をPlus!	stable
stably	副（安定して）	
stabilize	動（を安定させる）	
stabilizer	名（安定装置, 安定剤）	

まとめてCheck!	類語をCheck!	「十分な」
enough	あることに必要な数や量などがあることを表し,「多い」の意味はない	
sufficient	enoughとほぼ同じで必要な数や量などがあることを表す	
adequate	必要な数量や質などをちょうど満たしていることを表す	
ample	必要な数や量などがあること, またそれより多いことを表す	

必ずおさえておくべき重要単語

英検準1級形容詞・副詞など④

☑ 0406	**internal** / ɪntə́ːrnl /	形 内部の 派 副 **internally**（内部に） 例 reduce **internal** fat（体内の脂肪を減らす）
☑ 0407	**overweight** / òuvərwéit /	形 太り過ぎの 例 severely **overweight** people （深刻な肥満の人々）
☑ 0408	**spiritual** / spírɪtʃuəl, -tʃəl /	形 精神的な, 宗教的な 派 名 **spirit**（精神） 例 participate in **spiritual** events （宗教的な行事に参加する）
☑ 0409	**unhealthy** / ʌnhélθi /	形 不健康な 例 the result of an **unhealthy** diet （不健康なダイエットの結果）
☑ 0410	**unnecessary** / ʌnnésəseri ‖ -səri /	形 不必要な 派 副 **unnecessarily**（不必要に） 例 cause **unnecessary** stress for patients （患者に余計なストレスを引き起こす）
☑ 0411	**barely** / béərli /	副 かろうじて（～する） 例 can **barely** park a car （かろうじて駐車できる）
☑ 0412	**complex** / kàːmpléks ‖ kɔ́mpleks /	形 複雑な 派 名 **complexity**（複雑さ） 例 perform a **complex** task （複雑な作業をこなす）
☑ 0413	**controversial** / kàːntrəvə́ːrʃəl ‖ kɔ̀n- /	形 論争を招く 派 名 **controversy**（論争） 例 propose a **controversial** idea （物議をかもす考えを提案する）

☑ 0414 **heavily**
/ hévɪli /

副 大いに
派 形 **heavy**（激しい）
例 **heavily** populated areas
（非常に人口が密集した地域）

☑ 0415 **homeless**
/ hóʊmləs /

形 ホームレスの
派 名 **homelessness**（ホームレス状態）
例 help **homeless** people
（ホームレスの人々を助ける）

☑ 0416 **meanwhile**
/ míːnhwaɪl /

副 一方
例 In the developing world, **meanwhile**, they were suffering from a food shortage.
（一方, 発展途上国では食糧不足に苦しんでいた。）

☑ 0417 **numerous**
/ njúːmərəs /

形 非常に多い
派 副 **numerously**（大量に）
例 **numerous** examples of Internet games
（大量のインターネットゲームの実例）

☑ 0418 **skilled**
/ skɪld /

形 熟練した
派 名 **skill**（技量）
例 hire **skilled** workers（熟練した労働者を雇う）

☑ 0419 **strictly**
/ stríktli /

副 厳密に
派 形 **strict**（厳密な）
例 grade students **strictly**
（生徒を厳密に評価する）

☑ 0420 **tidy**
/ táɪdi /

形 きれい好きな
例 one's **tidy** roommate
（きれい好きなルームメイト）

まとめてCheck!	反意語をCheck!	
internal	⇔ **external**（外部の）
overweight	⇔ **underweight**（体重が少な過ぎる）
complex	⇔ **simple**（単純な）

まとめてCheck!	類語をCheck! 「きれい好きな」
tidy	清潔で整理されている
neat	整理整頓されている
trim	整理されて手入れが行き届いている

必ずおさえておくべき重要単語

英検準1級形容詞・副詞など⑤

☑ 0421	**traditionally** /trədíʃənəli/	副 伝統的に 派 形 **traditional**（伝統的な） 例 one's **traditionally** minded parents （伝統的な考え方をする両親）
☑ 0422	**unclear** /ʌnklíəʳ/	形 はっきりしない 派 副 **unclearly**（はっきりせず） 例 give **unclear** instructions （あいまいな指示を与える）
☑ 0423	**unexpected** /ʌnɪkspéktɪd/	形 思いがけない 派 副 **unexpectedly**（思いがけなく） 例 an **unexpected** result（予期せぬ結果）
☑ 0424	**coastal** /kóʊstl/	形 沿岸の 派 名 **coast**（沿岸） 例 the hurricane that hit the **coastal** villages （沿岸の村を襲ったハリケーン）
☑ 0425	**critical** /krítɪkəl/	形 批判的な 派 名 **critic**（批判者） 例 be **critical** of the government （政府に対して批判的である）
☑ 0426	**effectively** /ɪféktɪvli/	副 効果的に 派 形 **effective**（効果的な） 例 use social media **effectively** （ソーシャルメディアを有効に利用する）
☑ 0427	**enormous** /ɪnɔ́ːʳməs/	形 巨大な 派 副 **enormously**（非常に） 例 require **enormous** quantities of resources （膨大な量の資源を必要とする）
☑ 0428	**harsh** /hɑːʳʃ/	形 厳しい 派 副 **harshly**（厳しく） 例 face the **harsh** reality of life （人生の厳しい現実に直面する）

形容詞・副詞など

☑ 0429
immediate
/ ɪmíːdiət /　●発音

形 当面の
派 副 **immediately**（直ちに）
例 one's **immediate** concern（目下の関心事）

☑ 0430
intense
/ ɪnténs /

形 極度の
派 名 **intensity**（激しいこと）
例 put up with **intense** heat
（極度の暑さに耐える）

☑ 0431
monthly
/ mʌ́nθli /

形 毎月の
派 名 **month**（(暦の)月）
例 within one's **monthly** budget
（月々の予算内で）

☑ 0432
officially
/ əfíʃəli /

副 公式に
派 形 **official**（公式の）
例 be **officially** announced（公式に発表される）

☑ 0433
radical
/ rǽdɪkəl /

形 急進的な
派 名 **radicalism**（急進主義）
例 attack a person's **radical** views
（人の過激な考えを攻撃する）

☑ 0434
realistic
/ ríːəlístɪk ‖ ríə- /

形 現実的な
派 副 **realistically**（現実的に）
例 propose a **realistic** solution
（現実的な解決策を提案する）

☑ 0435
reliable
/ rɪláiəbəl /

形 信頼できる
派 動 **rely**（信頼する）
例 provide **reliable** information
（信頼できる情報を提供する）

まとめてCheck!	意味をPlus!	critical

形 批評の, 批評力のある：**critical** thinking（批評的な思考）
形 極めて重要な, 重大な, 決定的な：a **critical** decision（極めて重要な決定）
形 (病状などが)深刻な, 危険な：He is in **critical** condition.（彼は重体だ。）

まとめてCheck!	関連語をCheck!	monthly（毎月の）	
daily	(毎日の)	yearly	(毎年の)
weekly	(毎週の)	decennial	(10年ごとの)
quarterly	(3か月ごとの)	centennial	(100年ごとの)

必ずおさえておくべき重要単語

英検準1級形容詞・副詞など⑥

☑ 0436 **secure**
/ sɪkjúəʳ /

形 安全な
派 名 **security**（警備）
例 **secure** production facilities
（安全な製造設備）

☑ 0437 **successfully**
/ səksésfəli /

副 成功のうちに
派 形 **successful**（成功した）
例 be **successfully** rescued from a shipwreck
（難破船から首尾よく救出される）

☑ 0438 **typically**
/ típɪkli /

副 典型的に
派 形 **typical**（典型的な）
例 a bird that is **typically** seen in the area
（その地域に典型的に見られる鳥）

☑ 0439 **commonly**
/ kάːmənli ‖ kɔ́m- /

副 一般に
派 形 **common**（一般的な）
例 medications **commonly** used in hospitals
（病院で一般に使われている薬剤）

☑ 0440 **deadly**
/ dédli /

形 致命的な
派 形 **dead**（死んだ）
例 prevent a **deadly** disease from spreading
（致命的な病気のまん延を食い止める）

☑ 0441 **extensive**
/ ɪksténsɪv /

形 広い
派 動 **extend**（を広げる）
例 receive **extensive** technical support
（広範囲な技術的サポートを受ける）

☑ 0442 **freely**
/ fríːli /

副 自由に
派 形 **free**（自由な）
例 educational materials **freely** available on the Internet
（インターネットで自由に利用できる教材）

☑ 0443 **frozen**
/ fróʊzən /

形 冷凍の
派 動 **freeze**（を凍らせる）
例 have **frozen** food for dinner
（夕食に冷凍食品を食べる）

0444 newly

/ njúːli /

副 **新しく**

派 形 new (新しい)

例 **newly** married couple (新婚夫婦)

0445 remote

/ rimóut /

形 **遠い**

派 副 **remotely** (遠くで)

例 be located in a **remote** area
(遠く離れた地域に位置する)

0446 unaware

/ ʌnəwéər /

形 **気づかない**

例 be **unaware** of the danger of chemicals
(化学物質の危険性に気づいていない)

0447 underground

/ ʌndəˈɡraʊnd /

形 **地下の**

例 use **underground** water (地下水を利用する)

0448 unusually

/ ʌnjúːʒuəli, -ʒəli /

副 **異常に**

派 形 unusual (異常な)

例 an **unusually** cold winter (いつになく寒い冬)

0449 via

/ váiə, víːə /

前 **〜経由で**

例 fly to London **via** New York
(ニューヨーク経由でロンドンへ飛ぶ)

0450 worthwhile

/ wàːˈθhwáil /

形 **(やるだけの)価値のある**

例 think it is **worthwhile** to go to college
(大学に行くことは価値があると考える)

まとめてCheck!	反意語をCheck!
secure	⇔ **dangerous**(危険な)
successfully	⇔ **unsuccessfully**(失敗して, 不首尾に)
remote	⇔ **nearby**(すぐ近くの)

まとめてCheck!	意味をPlus!	remote

形 (時間的に)遠い, はるかな:the **remote** past (はるかな昔)

形 かすかな, わずかな:a **remote** chance(かすかな可能性)

形 遠縁の:a **remote** relative(遠い親戚)

形 非常に異なった:be **remote** from reality(現実とは非常に異なる)

必ずおさえておくべき重要単語

英検準1級形容詞・副詞など⑦

☑ 0451	**absolutely** / æbsəlúːtli /	副 完全に 派 形 **absolute**（完全な） 例 be **absolutely** right（全く正しい）
☑ 0452	**acceptable** / əkséptəbəl /	形 受け入れられる 派 動 **accept**（を受け入れる） 例 environmentally **acceptable** solutions （環境保護の観点で受け入れられる解決法）
☑ 0453	**accordingly** / əkɔ́ːˈdɪŋli /	副 それに応じて 例 The situation is changing and so we should act **accordingly**.（状況は変化しつつあるので我々はそれに応じて行動する必要がある。）
☑ 0454	**apparently** / əpǽrəntli /	副 見たところ〜らしい 派 形 **apparent**（見掛けの） 例 be **apparently** far from perfect （見たところ完璧からは程遠い）
☑ 0455	**constantly** / kάːnstəntli ‖ kɔ́n- /	副 絶えず 派 形 **constant**（絶え間ない） 例 waste time and money **constantly** （絶えず時間とお金を無駄にする）
☑ 0456	**dependent** / dɪpéndənt /	形 頼っている 派 名 **dependence**（頼ること） 例 be **dependent** on imports from Asia （アジアからの輸入に頼る）
☑ 0457	**disabled** / dɪséɪbəld /	形 障害のある 派 動 **disable**（に障害を負わせる） 例 social barriers for **disabled** people （障害者に対する社会的な障壁）
☑ 0458	**experienced** / ɪkspíəriənst /	形 経験豊富な 派 動 **experience**（を経験する） 例 an **experienced** manager （経験豊かなマネージャー）

RANK
A

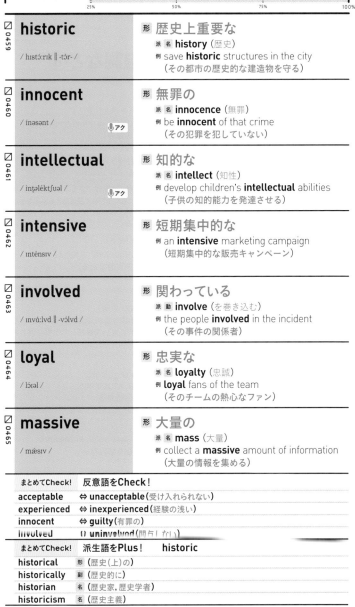

☑ 0459
historic
/ hɪstɔ́:rɪk ‖ -tɔ́r- /

形 歴史上重要な
派 名 history (歴史)
例 save **historic** structures in the city
（その都市の歴史的な建造物を守る）

☑ 0460
innocent
/ ínəsənt /　　🔊アク

形 無罪の
派 名 innocence (無罪)
例 be **innocent** of that crime
（その犯罪を犯していない）

☑ 0461
intellectual
/ ìntəléktʃuəl /　　🔊アク

形 知的な
派 名 intellect (知性)
例 develop children's **intellectual** abilities
（子供の知的能力を発達させる）

☑ 0462
intensive
/ ɪnténsɪv /

形 短期集中的な
例 an **intensive** marketing campaign
（短期集中的な販売キャンペーン）

☑ 0463
involved
/ ɪnvá:lvd ‖ -vɔ́lvd /

形 関わっている
派 動 involve (を巻き込む)
例 the people **involved** in the incident
（その事件の関係者）

☑ 0464
loyal
/ lɔ́ɪəl /

形 忠実な
派 名 loyalty (忠誠)
例 **loyal** fans of the team
（そのチームの熱心なファン）

☑ 0465
massive
/ mǽsɪv /

形 大量の
派 名 mass (大量)
例 collect a **massive** amount of information
（大量の情報を集める）

まとめてCheck!	反意語をCheck!
acceptable	⇔ unacceptable (受け入れられない)
experienced	⇔ inexperienced (経験の浅い)
innocent	⇔ guilty (有罪の)
involved	⇔ uninvolved (関与しない)

まとめてCheck!	派生語をPlus!	historic
historical	形 (歴史(上)の)	
historically	副 (歴史的に)	
historian	名 (歴史家, 歴史学者)	
historicism	名 (歴史主義)	

動詞

名詞

形容詞・副詞など

必ずおさえておくべき重要単語

英検準1級形容詞・副詞など⑧

☑ 0466
maximum

/ mǽksɪməm /

形 最大限の
派 動 **maximize**（を最大にする）
例 **maximum** possible productivity
（最大限可能な生産力）

☑ 0467
nonetheless

/ nʌ̀nðəlés /

副 それにもかかわらず
例 While many people disagreed with his plan, he didn't give up **nonetheless**.（多くの人々が彼の計画に反対したが、それにもかかわらず彼はあきらめなかった。）

☑ 0468
optimistic

/ ὰ:ptɪmístɪk ‖ ɔ̀p- /

形 楽天的な
派 名 **optimist**（楽天家）
例 be **optimistic** about one's future
（将来について楽天的である）

☑ 0469
prominent

/ prά:mɪnənt ‖ prɔ́m- /

形 卓越した
派 名 **prominence**（顕著）
例 play a **prominent** role in founding the company
（その会社の設立において卓越した役割を演じる）

☑ 0470
regional

/ rí:dʒənəl /

形 地方の
派 名 **region**（地方）
例 affect **regional** economies
（地方の経済に影響する）

☑ 0471
sometime

/ sʌ́mtaɪm /

副 いつか
例 want to visit Kyoto again **sometime**
（いつかまた京都を訪れたい）

☑ 0472
sticky

/ stíki /

形 ねばねばした
派 動 **stick**（くっつく）
例 be covered with a **sticky** material
（ねばねばする物質で覆われている）

☑ 0473
substantial

/ səbstǽnʃəl /

形 十分な
派 副 **substantially**（十分に）
例 **substantial** investment in new infrastructure
（新しいインフラへの十分な投資）

☑ 0474	**temporary** / témpəreri ‖ -rəri /	形 一時の 派 副 **temporarily**（一時的に） 例 be given a **temporary** assignment （一時的な任務を与えられる）
☑ 0475	**totally** / tóʊtli /	副 全く, 完全に 派 形 **total**（全体の, 完全な） 例 The research was **totally** wasted. （その研究は全く無駄だった。）
☑ 0476	**unpleasant** / ʌnplézənt /	形 不愉快な 派 副 **unpleasantly**（不愉快に） 例 create an **unpleasant** smell （不快な臭いを出す）
☑ 0477	**vivid** / vívɪd /	形 鮮やかな 派 副 **vividly**（鮮明に） 例 one of the most **vivid** memories of one's life（人生の中で最も鮮やかな記憶の1つ）
☑ 0478	**abundant** / əbʌ́ndənt /	形 豊富な 派 名 **abundance**（豊富） 例 travel to areas where nature is **abundant**（自然が豊かな地域へと旅する）
☑ 0479	**accurate** / ǽkjərət /	形 正確な 派 名 **accuracy**（正確さ） 例 have **accurate** information （正確な情報を持つ）
☑ 0480	**aggressive** / əɡrésɪv /	形 攻撃的な 派 副 **aggressively**（攻撃的に） 例 become emotionally **aggressive** （感情的に攻撃的になる）

まとめてCheck! 反意語をCheck!

maximum	⇔ minimum（最小限の）
optimistic	⇔ pessimistic（悲観的な）
temporary	⇔ permanent（永続的な）
accurate	⇔ inaccurate（不正確な）

まとめてCheck! 派生語をPlus! aggressive

aggression	名（攻撃, 侵略, 侵犯）
aggressor	名（攻撃者, 侵略者）

形容詞・副詞など

必ずおさえておくべき重要単語

英検準1級形容詞・副詞など⑨

☑ 0481 **antique**

/ ænti:k /

形 骨董（こっとう）の
派 名 **antiquity**（古代）
例 collect small **antique** items
（小さな骨董品を集める）

☑ 0482 **approximately**

/ əprάːksɪmətli ‖ -rɔ́k- /

副 およそ
派 形 **approximate**（およその）
例 increase by **approximately** 30 percent
（およそ **30** パーセント増加する）

☑ 0483 **armed**

/ ɑːˈmd /

形 武装した
派 動 **arm**（を武装させる）
例 send **armed** troops in
（武装した軍隊を送り込む）

☑ 0484 **basically**

/ béɪsɪkli /

副 基本的に
派 形 **basic**（基本の）
例 be **basically** the same（基本的に同じである）

☑ 0485 **briefly**

/ briːfli /

副 少しの間
派 形 **brief**（短時間の）
例 be only **briefly** available in the summer
（夏の短期間だけ入手できる）

☑ 0486 **capable**

/ kéɪpəbəl /

形 能力がある
例 be **capable** of using two or more languages
（2つ以上の言語を使うことができる）
be capable of ～「～ができる」

☑ 0487 **contemporary**

/ kəntémpəreri ‖ -prəri /

形 現代の
例 political complexity of **contemporary** society
（現代社会の政治的複雑さ）

☑ 0488 **continually**

/ kəntínjuəli /

副 頻繁に
派 形 **continual**（頻繁な）
例 be **continually** sensitive to the realities of society
（社会の現実に対して絶えず敏感になる）

☑ 0489

delicate
/ délɪkət /

形 繊細な
派 名 **delicacy**（繊細さ）
例 the brain's **delicate** tissue（脳の繊細な組織）

☑ 0490

desirable
/ dɪzáɪərəbəl /

形 望ましい
派 動 **desire**（を望む）
例 get a **desirable** result（望ましい結果を得る）

☑ 0491

disastrous
/ dɪzǽstrəs ‖ -zάːs- /

形 大惨事を招く, 悲惨な
派 名 **disaster**（大惨事）
例 make wrong decisions with **disastrous** results
（悲惨な結果を伴う間違った決定をする）

☑ 0492

divine
/ dɪváɪn /

形 神の
派 名 **divinity**（神性）
例 strong association with **divine** beings
（神聖な存在との強いつながり）

☑ 0493

emotional
/ ɪmóʊʃənəl /

形 感情的な
派 名 **emotion**（感情）
例 lose **emotional** control
（感情の抑制が利かなくなる）

☑ 0494

fatal
/ féɪtl /

形 致命的な
派 名 **fate**（運命, 死）
例 develop **fatal** kidney problems
（致命的な腎臓の問題を生じる）

☑ 0495

handy
/ hǽndi /

形 手近にある
派 名 **hand**（手）
例 have one's reservation number **handy**
（予約番号を手元に置いておく）

☑ 0496

hopefully
/ hóʊpfəli /

副 できれば, うまくいけば
派 形 **hopeful**（希望を持った）
例 **Hopefully**, the weather will be good
tomorrow.（明日は天気がいいといいのだが。）

形容詞・副詞など

まとめてCheck! 意味をPlus! **handy**

形 便利な, 使いやすい, 役に立つ：a **handy** guidebook（役に立つガイドブック）

形 (道具の扱いなどが)上手な：He is **handy** with a saw.（彼はのこぎりの扱いがうまい。）

英検準1級形容詞・副詞など⑩

☑ 0497 **impressive**

/ ɪmprésɪv /

形 印象的な
派 動 **impress**（に印象を与える）
例 an **impressive** sight at sunrise
（日の出の印象的な光景）

☑ 0498 **physically**

/ fízɪkli /

副 身体的に
派 形 **physical**（身体の）
例 be **physically** harmed（身体に危害を受ける）

☑ 0499 **poisonous**

/ pɔ́ɪzənəs /

形 有毒な
派 名 **poison**（毒）
例 release **poisonous** gases
（有毒ガスを放出する）

☑ 0500 **precisely**

/ prɪsáɪsli /

副 ちょうど
派 形 **precise**（正確な）
例 start at **precisely** 5 p.m.
（午後 5 時ちょうどに始まる）

☑ 0501 **protective**

/ prətéktɪv /

形 保護する
派 動 **protect**（を保護する）
例 be **protective** of one's child（子供を守る）

☑ 0502 **qualified**

/ kwɑ́:lɪfaɪd ‖ kwɔ́l- /

形 適任の
派 動 **qualify**（に資格を与える）
例 be highly **qualified** for the post
（その地位に非常にふさわしい）

☑ 0503 **reasonable**

/ ríːznəbəl /

形 手ごろな
派 副 **reasonably**（適度に）
例 at a **reasonable** price（手ごろな値段で）

☑ 0504 **retail**

/ ríːteɪl /

形 小売りの
派 名 **retailer**（小売業者）
例 share prices in the **retail** sector
（小売部門の株価）

☐ 0505 **satisfied**
/ sǽṭɪsfaɪd /

形 満足した
派 動 **satisfy**（を満足させる）
例 be **satisfied** with one's social status
（自分の社会的地位に満足している）

☐ 0506 **specifically**
/ spəsɪfɪkli /

副 特に
派 形 **specific**（特定の）
例 products **specifically** aimed at elderly
people（特に高齢者に向けた製品）

☐ 0507 **talented**
/ tǽləntɪd /

形 才能のある
派 名 **talent**（才能）
例 a **talented** artist（才能のある芸術家）

☐ 0508 **tense**
/ tens /

形 緊張した
派 名 **tension**（緊張）
例 be too **tense** to speak well
（緊張し過ぎてうまく話せない）

☐ 0509 **terrific**
/ tərífɪk /

形 素晴らしい
派 副 **terrifically**（ものすごく）
例 enjoy a **terrific** meal
（素晴らしい食事を楽しむ）

☐ 0510 **tragic**
/ trǽdʒɪk /

形 悲劇の
派 名 **tragedy**（悲劇）
例 experience a **tragic** event
（悲劇的な出来事を経験する）

☐ 0511 **tremendous**
/ trəméndəs /

形 途方もない
派 副 **tremendously**（途方もなく）
例 have a **tremendous** influence on education
（教育にものすごく大きな影響がある）

☐ 0512 **vital**
/ váɪtl /

形 不可欠な
派 名 **vitality**（活気）
例 play a **vital** role in protecting the environment
（環境の保護に極めて重要な役割をする）

| まとめてCheck! | 意味をPlus! | reasonable |

形 筋の通った：The offer seemed **reasonable**.（その申し出はもっともに思われた。）
形 道理をわきまえた：a **reasonable** person（分別のある人）
形 かなりよい：a **reasonable** chance of victory（かなりの勝つ可能性）

必ずおさえておくべき重要単語

英検準1級形容詞・副詞など⑪

☑ 0513 **clinical**
/ klínɪkəl /

形 臨床の
派 名 **clinic**（診療所）
例 a **clinical** psychologist（臨床心理学者）

☑ 0514 **significantly**
/ sɪgnífɪkəntli /

副 著しく
派 形 **significant**（著しい）
例 last for a **significantly** long time
（かなり長い間続く）

☑ 0515 **immune**
/ ɪmjúːn /

形 免疫のある
派 名 **immunity**（免疫(性)）
例 weaken the **immune** system
（免疫システムを弱くする）

☑ 0516 **willing**
/ wílɪŋ /

形 いとわない
例 be **willing** to work for low pay
（低い賃金で働くことをいとわない）
be willing to *do*「〜するのをいとわない」

☑ 0517 **coral**
/ kɔ́ːrəl ‖ kɔ́r- /

形 サンゴの
例 a **coral** island（サンゴ島）

☑ 0518 **hybrid**
/ háɪbrɪd /

形 ハイブリッドの
例 improve the safety of **hybrid** cars
（ハイブリッド車の安全性を向上させる）

☑ 0519 **negatively**
/ négətɪvli /

副 否定的に
派 形 **negative**（否定の）
例 **negatively** affect family life
（家族生活に悪い影響を与える）

☑ 0520 **whereas**
/ hweəræz /

接 〜だが一方
例 His mother loves chatting, **whereas** his father is very quiet.（彼の母親はおしゃべり好きだが，一方父親はとても物静かだ。）

25% 50% 75% 100%

☑ 0521 **costly**

/ kɔ́ːstli ‖ kɔ́st- /

形 費用がかかる

派 名 **cost**（費用）

例 be too **costly** to maintain
（維持するのに費用がかかり過ぎる）

☑ 0522 **evolutionary**

/ èvəlúːʃəneri ‖ ìːvəlúːʃənəri /

形 進化の

派 名 **evolution**（進化）

例 lead to an **evolutionary** change
（進化的変化につながる）

☑ 0523 **stressful**

/ strésfəl /

形 ストレスの多い

派 名 **stress**（ストレス）

例 complain about one's **stressful** job
（ストレスの多い仕事に不満を漏らす）

☑ 0524 **damaging**

/ dǽmɪdʒɪŋ /

形 有害な

派 動 **damage**（に損害を与える）

例 be **damaging** to a person's business
（人の商売に害を及ぼす）

☑ 0525 **adequate**

/ ǽdɪkwət /

形 十分な

派 副 **adequately**（十分に）

例 provide athletes with **adequate** training facilities
（運動選手に十分なトレーニング設備を提供する）

☑ 0526 **affordable**

/ əfɔ́ːrdəbəl /

形 手ごろな価格の

派 動 **afford**（の余裕がある）

例 comfortable and **affordable** housing
（快適で手ごろな価格の住宅）

☑ 0527 **environmentally**

/ ɪnvàɪərənméntḷi /

副 環境に

派 形 **environmental**（環境の）

例 a new, **environmentally** friendly vehicle
（環境に優しい新しい乗り物）

☑ 0528 **extinct**

/ ɪkstíŋkt /

形 死に絶えた

派 名 **extinction**（絶滅）

例 become **extinct** during the long history of evolution（長い進化の歴史の中で絶滅する）

まとめてCheck!	意味をPlus!	immune

形 **影響されない**：She is **immune** to criticism.（彼女は批判に動じない。）

形 **（義務などを）免除された**：be **immune** from prosecution（訴追を免れている）

形容詞・副詞など

必ずおさえておくべき重要単語

英検準1級形容詞・副詞など⑫

☑ 0529 **relevant**

/ réləvənt /

形 **関係のある**
派 名 **relevance**（関連性）
例 a problem highly **relevant** to present society（現代社会に大いに関連する問題）

☑ 0530 **fragile**

/ frǽdʒəl ‖ -dʒaɪl /

形 **壊れやすい**
派 名 **fragility**（壊れやすさ）
例 ecologically **fragile** lands
（環境的に不安定な土地）

☑ 0531 **poorly**

/ púəʳli ‖ pɔ́ːli /

副 **下手に**
派 形 **poor**（下手な）
例 a **poorly** planned city
（不完全に計画された都市）

☑ 0532 **thereby**

/ ðèəʳbáɪ, --́ /

副 **それによって**
例 The company changed all the lights in their offices to LEDs, **thereby** reducing the cost of electricity.（その会社はオフィスの照明をすべて LED に変えて，それによって電気代が下がった。）

☑ 0533 **unpopular**

/ ʌnpɑ́ːpjələʳ ‖ -pɔ́pjʊ- /

形 **人気がない**
例 be **unpopular** with young women
（若い女性に人気がない）

☑ 0534 **vulnerable**

/ vʌ́lnərəbəl /

形 **傷つきやすい**
派 名 **vulnerability**（傷つきやすいこと）
例 be **vulnerable** to disease
（病気にかかりやすい）

☑ 0535 **ineffective**

/ ìnɪféktɪv /

形 **効果のない**
派 副 **ineffectively**（効果なく）
例 be **ineffective** against the disease
（その病気に対しては効果がない）

☑ 0536 **insufficient**

/ ìnsəfíʃənt /

形 **不十分な**
派 副 **insufficiently**（不十分に）
例 due to **insufficient** evidence about the accident
（その事故に関する不十分な証拠のために）

0537 ironically

/ aɪrɑ́:nɪkli ‖ -rɔ́n- /

副 **皮肉なことに**
派 形 **ironical** (皮肉の)
例 **Ironically**, this failure led him to a new invention.
（皮肉なことに，この失敗が彼を新しい発明に導いた。）

0538 problematic

/ prὰ:bləmǽtɪk ‖ prɔ̀b- /

形 **問題の多い**
派 名 **problem** (問題)
例 be **problematic** in developed countries
（先進諸国で問題が多い）

0539 scientifically

/ sὰɪəntífɪkli /

副 **科学的に**
派 形 **scientific** (科学的な)
例 be **scientifically** proven
（科学的に証明されている）

0540 accidentally

/ æ̀ksɪdéntəli /

副 **偶然に**
派 形 **accidental** (偶然の)
例 be **accidentally** found （偶然に見つかる）

0541 beneficial

/ bènɪfíʃəl /

形 **有益な**
派 名 **benefit** (利益)
例 be very **beneficial** to students
（学生にとても有益である）

0542 bilingual

/ baɪlíŋgwəl /

形 **2言語を自由に話せる**
派 名 **bilingualism** (2言語を話すこと)
例 be **bilingual** in English and Spanish
（英語とスペイン語の2言語を自由に話せる）

0543 consistent

/ kənsístənt /

形 **一貫した**
派 名 **consistency** (一貫性)
例 a **consistent** rise in sea levels over the last 100 years
（過去百年以上にわたる一貫した海水面の上昇）

0544 fictional

/ fíkʃənəl /

形 **架空の**
派 動 **fictionalize** ((実話)を物語化する)
例 create a **fictional** detective
（架空の探偵を作り出す）

まとめてCheck! 　意味をPlus! 　**consistent**

形 （質が）安定した：the most **consistent** player（最も安定して実力を発揮する選手）
形 （考えなどが）一致する：be **consistent** with the facts（事実と一致している）

名詞

形容詞・副詞 など

必ずおさえておくべき重要単語

英検準1級形容詞・副詞など⑬

☑ 0545	**genetically** / dʒənétɪkli /	副 遺伝子的に 派 形 **genetic**（遺伝子の） 例 **genetically** similar animals （遺伝子的に似ている動物）
☑ 0546	**identical** / aɪdéntɪkəl /	形 同一の 派 副 **identically**（同一で） 例 be **identical** to data（データと一致する）
☑ 0547	**radioactive** / rèɪdiʊæktɪv /	形 放射性の 派 名 **radioactivity**（放射能） 例 **radioactive** waste from nuclear power plants（原子力発電所から出た放射性廃棄物）
☑ 0548	**cheaply** / tʃíːpli /	副 安く 派 形 **cheap**（安い） 例 import goods as **cheaply** as possible （できるだけ安く商品を輸入する）
☑ 0549	**decent** / díːsənt /　●発音	形 まともな 派 名 **decency**（礼儀正しさ） 例 seem like a **decent** man （ちゃんとした男性のようである）
☑ 0550	**intact** / ɪntækt /	形 損なわれていない 例 be still **intact**（まだ無傷のままである）
☑ 0551	**locally** / lóʊkəli /	副 地元で 派 形 **local**（地元の） 例 a meal made from **locally** grown food （地元で育った食材で作られた食事）
☑ 0552	**overly** / òʊvəˈli /	副 過度に 例 be **overly** dependent on one's parents （過度に両親に頼っている）

☐ 0553	**profitable** / prάːfɪṭəbəl ‖ prɔ́f- /	形 利益をもたらす 派 名 **profitability** (収益性) 例 become a **profitable** business (もうけになるビジネスになる)
☐ 0554	**promising** / prάːmɪsɪŋ ‖ prɔ́m- /	形 前途有望な 派 動 **promise** (見込みがある) 例 a **promising** technology for saving energy (省エネのための有望なテクノロジー)
☐ 0555	**risky** / ríski /	形 (冒険的にならざるを得ず)危険な 派 名 **risk** (危険(性)) 例 be highly **risky** for beginners (初心者には非常に危険である)
☐ 0556	**unacceptable** / ʌ̀nəkséptəbəl /	形 受け入れられない 派 副 **unacceptably** (受け入れがたいほどに) 例 be **unacceptable** to the residents (住民には受け入れられない)
☐ 0557	**unrealistic** / ʌ̀nriːəlístɪk ‖ -rɪə- /	形 非現実的な 派 副 **unrealistically** (非現実的なほどに) 例 an **unrealistic** vision of the future (非現実的な未来図)
☐ 0558	**unrelated** / ʌ̀nrɪléɪṭɪd /	形 無関係な 例 an issue **unrelated** to the environment (環境とは無関係な問題)
☐ 0559	**unwanted** / ʌnwάːntɪd ‖ -wɔ́nt- /	形 不必要な 例 recycle **unwanted** materials (不要な物をリサイクルする)
☐ 0560	**valid** / vǽlɪd /	形 有効な 派 名 **validity** (法的有効性) 例 be **valid** for one year (1年間有効である)

まとめてCheck!　意味をPlus!　decent

形 **そこそこよい, まあまあの**：a **decent** tennis player(そこそこのテニス選手)

形 **親切な**：It was **decent** of her to help me. (彼女は親切にも私を手伝ってくれた。)

形 **適切な**：at a **decent** time(適切な時間に)

RANK A の学習記録をつける

覚えたことを定着させるには、「くりかえし復習すること」がたいせつです。RANK A の学習を一通り終えたら、下の学習記録シートに日付を書きこみ、履歴を残しましょう。

1	2	3	4	5	6	7	8	9	10
/	/	/	/	/	/	/	/	/	/
11	12	13	14	15	16	17	18	19	20
/	/	/	/	/	/	/	/	/	/
21	22	23	24	25	26	27	28	29	30
/	/	/	/	/	/	/	/	/	/
31	32	33	34	35	36	37	38	39	40
/	/	/	/	/	/	/	/	/	/
41	42	43	44	45	46	47	48	49	50
/	/	/	/	/	/	/	/	/	/

MEMO

おさえておきたい重要単語

RANK **B** で掲載されているのは英検準 1 級を受検するにあたって，おさえておきたい重要単語です。掲載されている単語は過去に準 1 級で何度も出題されたものばかりです。何度も復習し，全て覚えきりましょう。

| RANK B | おさえておきたい重要単語 |

英検準1級動詞①

☑ 0561
abolish
/ əbάːlɪʃ ‖ əbɔ́l- /

動 を廃止する
派 名 **abolition** (廃止)
例 **abolish** some taxes
(いくつかの税を廃止する)

☑ 0562
administer
/ ədmínɪstəʳ /

動 (手当など)を施す
派 名 **administration** (施行)
例 **administer** treatment (治療を施す)

☑ 0563
appoint
/ əpɔ́ɪnt /

動 を任命する
派 名 **appointment** (任命)
例 the scientists **appointed** by the government
(政府によって任命された科学者たち)

☑ 0564
combat
/ kάːmbæt ‖ kɔ́m- /

動 と戦う, 闘う
派 名 **combatant** (戦闘員)
例 **combat** loneliness and depression
(孤独とうつと闘う)

☑ 0565
confirm
/ kənfə́ːm /

動 を確認する
派 名 **confirmation** (確認)
例 **confirm** a new departure time
(新しい出発時間を確認する)

☑ 0566
cope
/ koʊp /

動 対処する
例 **cope** with changes in climate
(気候の変動に対処する)
cope with ～「～に対処する」

☑ 0567
decorate
/ dékəreɪt /

動 を飾る
派 名 **decoration** (装飾)
例 **decorate** a Christmas tree beautifully
(クリスマスツリーを美しく飾る)

☑ 0568
displace
/ dɪspléɪs /

動 に取って代わる
派 名 **displacement** (解雇)
例 **displace** low-wage laborers
(低賃金労働者に取って代わる)

☑ 0569

download

/ dáʊnloʊd ‖ --- /

動 をダウンロードする

例 **download** some new computer software
（新しいコンピューターソフトをダウンロードする）

☑ 0570

drag

/ dræg /

動 を引きずる

例 **drag** one's heels（足を引きずって歩く）

☑ 0571

ease

/ iːz /

動 を和らげる

例 **ease** tensions with that country
（その国との緊張状態を緩和する）

☑ 0572

edit

/ édɪt /

動 を編集する

派 名 **editor**（編集者）

例 **edit** articles for an online magazine
（オンラインマガジンのために記事を編集する）

☑ 0573

enclose

/ ɪnklóʊz /

動 を同封する

派 名 **enclosure**（同封物）

例 be **enclosed** in an envelope
（封筒に同封されている）

☑ 0574

erupt

/ ɪrʌ́pt /

動 噴火する

派 名 **eruption**（噴火）

例 **erupt** in applause（拍手がわき起こる）

erupt in [into, with]〜 「〜がわき起こる」

☑ 0575

exaggerate

/ ɪgzǽdʒəreɪt /

動 を誇張する

派 名 **exaggeration**（誇張）

例 **exaggerate** one's accomplishments
（自分の功績を誇張する）

まとめてCheck! 類語をCheck!	「戦う，闘う」
fight	行動・言葉で相手と戦う
battle	長期間にわたって闘う
combat	激しく戦う
struggle	困難と闘う

まとめてCheck! 関連語をCheck!		download（をダウンロードする）	
upload	（をアップロードする）	save	（を保存する）
install	（をインストールする）	software	（ソフトウエア）
delete	（を削除する）	hardware	（ハードウエア）
restart	（を再起動する）	application	（アプリケーション）

おさえておきたい重要単語

英検準1級動詞②

☑ 0576
exceed
/ ɪksíːd /

動 を超える

派 名 **excess**（超過）
例 **exceed** the limit of CO_2 emissions
（二酸化炭素排出量の上限を超える）

☑ 0577
fade
/ feɪd /

動 消えてゆく

例 **fade** from people's memory
（人々の記憶から消えてゆく）

☑ 0578
frustrate
/ frʌ́streɪt ‖ -́- /

動 をいらいらさせる

派 名 **frustration**（いら立ち）
例 be **frustrated** at one's children's behavior
（子供たちの振る舞いにいらいらする）

☑ 0579
hesitate
/ hézɪteɪt /

動 ためらう

派 名 **hesitation**（ためらい）
例 **hesitate** to help strangers in need
（困っている見知らぬ人を助けるのをためらう）

☑ 0580
illustrate
/ íləstreɪt /

動 を説明する

派 名 **illustration**（説明）
例 **illustrate** the importance of eating fruits
（果物を食べることの重要性を説明する）

☑ 0581
inhabit
/ ɪnhǽbɪt /

動 に住む

派 名 **inhabitant**（生息動物）
例 **inhabit** rainforests（熱帯雨林に生息する）

☑ 0582
insert
/ ɪnsə́ːʳt /

動 を挿入する

派 名 **insertion**（挿入）
例 **insert** a sensor directly
（センサーを直接挿入する）

☑ 0583
instruct
/ ɪnstrʌ́kt /

動 に指示する

派 名 **instruction**（指示）
例 **instruct** a person to connect to a website
（ウェブサイトに接続するよう人に指示する）

START

1900語

25%　　　　　　50%　　　　　　75%　　　　　　100%

単語編

RANK
B

動詞

名詞

形容詞・副詞

interrupt
☐ 0584

/ ìntərʌ́pt /

動 をじゃまする

派 名 **interruption**（じゃま）
例 Sorry to **interrupt** you, but ...
（おじゃまして申し訳ありませんが…）

launch
☐ 0585

/ lɔːntʃ, lɑːntʃ ‖ lɔːntʃ /　●発音

動 を始める

例 **launch** a program to eliminate smallpox
（天然痘を撲滅するプログラムに着手する）

minimize
☐ 0586

/ mínɪmaɪz /

動 を最小限にする

派 名 **minimum**（最小限）
例 **minimize** damage from climate change
（気候変動による損害を最小限にする）

misunderstand
☐ 0587

/ mìsʌ̀ndəˈstǽnd /

動 を誤解する

派 名 **misunderstanding**（誤解）
例 be **misunderstood** by people from another
culture（他の文化の人々に誤解される）

neglect
☐ 0588

/ nɪglékt /

動 をおろそかにする

派 名 **negligence**（怠慢）
例 **neglect** important skills such as observation
（観察のような重要な技術をおろそかにする）

nourish
☐ 0589

/ nə́ːrɪʃ ‖ nʌ́r- /

動 を養う

派 名 **nourishment**（育成）
例 **nourish** plants（植物を育てる）

offend
☐ 0590

/ əfénd /

動 の感情を害する

派 名 **offense**（無礼）
例 **offend** visitors（訪問客の感情を害する）

まとめてCheck! 語源をCheck! ceed「行く」

exceed	ex(外へ)+ceed(行く)→(を超える)
proceed	pro(前へ)+ceed(行く)→(進む)
succeed	suc(次に)+ceed(行く)→(継承する, 相続する)

まとめてCheck! 語源をCheck! struct「築き上げる」

construct	con(一緒に)+struct(築く)→(を建設する)
instruct	in(心の中に)+struct(築く)→(に指示する, 教える)
obstruct	ob(反対して)+struct(築く)→(をふさぐ, 妨げる)

おさえておきたい重要単語

英検準1級動詞③

☑ 0591	**perceive** / pə^rsíːv /	動 を知覚する 派 名 **perception** (知覚) 例 **perceive** the world in a unique way （世界を独特の視点で見る）
☑ 0592	**proceed** / prəsíːd /	動 進む 派 名 **process** (進行) 例 **proceed** to Gate B12（B12 ゲートに進む）
☑ 0593	**provoke** / prəvóuk /	動 を引き起こす 派 形 **provocative** (挑発的な) 例 **provoke** a critical reaction from the press （新聞の批判的な反応を引き起こす）
☑ 0594	**recruit** / rɪkrúːt /	動 を新規採用する 派 名 **recruitment** (求人) 例 **recruit** workers living overseas （海外に住む労働者を新規採用する）
☑ 0595	**relieve** / rɪlíːv /	動 を和らげる 派 名 **relief** (安堵(あんど)感) 例 **relieve** stress and make people happier （ストレスを和らげて人々をより明るくする）
☑ 0596	**resolve** / rɪzɑ́ːlv ‖ -zɔ́lv /	動 を解決する 派 名 **resolution** (解決) 例 **resolve** the tensions the conflict has created（紛争が引き起こした緊張を解決する）
☑ 0597	**reuse** / rìːjúːz /	動 を再利用する 例 **reuse** towels in a hotel （ホテルのタオルを再利用する）
☑ 0598	**reverse** / rɪvə́ːrs /	動 を覆す 派 名 **reversal** (逆転) 例 **reverse** the trend of globalization （グローバル化の流れを覆す）

START
1900語
25% 50% 75% 100%

単語編

RANK
B

動詞

名詞

形容詞・副詞

☑ 0599 **scatter**

/ skǽtər /

動 をばらまく
派 形 **scattered**（点在した）
例 **scatter** seeds by hand（手で種をまく）

☑ 0600 **scratch**

/ skrætʃ /

動 に引っかき傷をつける
派 形 **scratchy**（ざらざらした）
例 **scratch** a door by accident
（誤ってドアに引っかき傷をつける）

☑ 0601 **seize**

/ siːz /　　　●発音

動 をとらえる
派 名 **seizure**（奪取）
例 **seize** every opportunity to get a job
（職を得るためにあらゆる機会をとらえる）

☑ 0602 **soak**

/ souk /

動 をびしょぬれにする
例 get **soaked** in a rainstorm
（暴風雨でびしょぬれになる）

☑ 0603 **socialize**

/ sóuʃəlaɪz /

動 交際する
派 形 **social**（社交の）
例 **socialize** with one's co-workers after work
（仕事の後で同僚と付き合う）

☑ 0604 **starve**

/ staːrv /

動 餓死する
派 名 **starvation**（飢え）
例 **starve** in a desert（砂漠で餓死する）

☑ 0605 **steer**

/ stɪər /

動 を操縦する
派 名 **steering**（操縦）
例 **steer** a car with one hand
（片手で車を運転する）

まとめてCheck!　意味をPlus!　**relieve**

動 をほっとさせる：He was **relieved** at the result.（その結果に彼はほっとした。）
動 を解放する：He was **relieved** of that duty.（彼はその任務から解放された。）
動 を交替させる：**relieve** a watch（見張りと交替する）

まとめてCheck!　意味をPlus!　**soak**

動 (液体が)染み込む：The rain **soaked** through my coat.（雨がコートの中に染み込んだ。）
動 (知識など)を吸収する：**soak** up knowledge（知識を吸収する）
名 (液体に)浸すこと：give dirty shoes a good **soak** in water（汚れた靴を水によく浸す）

おさえておきたい重要単語

英検準1級動詞④

☑ 0606
strengthen
/ strénkθən /

動 を強化する
派 形 **strong** (強い)
例 **strengthen** security after a robbery
（強盗が起こった後に警備を強化する）

☑ 0607
suspend
/ səspénd /

動 を一時中断する
派 名 **suspension** (一時的中断)
例 **suspend** a tree-planting program
（植樹プログラムを一時中断する）

☑ 0608
sweep
/ swi:p /

動 さっと通る
派 形 **sweeping** (広範囲にわたる)
例 **sweep** eastward from China's northern deserts （中国北部の砂漠から東に通り過ぎる）

☑ 0609
utilize
/ jú:tlaɪz /

動 を利用する
派 名 **utilization** (利用)
例 **utilize** a new communications technology
（新しいコミュニケーション技術を利用する）

☑ 0610
vanish
/ vǽnɪʃ /

動 消える
派 形 **vanishing** (消えゆく)
例 **vanish** within a decade （10年以内に消える）

☑ 0611
bounce
/ baʊns /

動 (音が)反響する
派 形 **bouncy** (よくはね返る)
例 **bounce** off underwater objects
（(音が)水中の物体に当たってはね返る）

☑ 0612
categorize
/ kǽtəgəraɪz /

動 を分類する
派 名 **category** (カテゴリー)
例 **categorize** people according to body type
（人を体型に従って分類する）

☑ 0613
cite
/ saɪt /

動 を引用する
派 名 **citation** (引用)
例 **cite** research on brain development
（脳の発達に関する研究を引用する）

動詞

☑ 0614

compel

/ kəmpél /

動 に無理やりさせる

派 形 **compulsory**（義務的な）

例 **compel** one's children to study hard
（無理やり子供に猛勉強させる）

☑ 0615

compensate

/ kámpənseɪt ‖ kɔ́m- /

動 補う

派 名 **compensation**（埋め合わせ）

例 **compensate** for lack of sleep
（睡眠不足を補う）

☑ 0616

depict

/ dɪpíkt /

動 を描写する

派 名 **depiction**（描写）

例 **depict** modern life
（現代の生活を描写する）

☑ 0617

devastate

/ dévəsteɪt /

動 を荒廃させる

派 名 **devastation**（荒廃）

例 **devastate** an island（島を荒廃させる）

☑ 0618

diminish

/ dɪmíniʃ /

動 を減らす

派 名 **diminution**（減少）

例 **diminish** the pain of hurt feelings
（傷ついた感情の痛みを和らげる）

☑ 0619

discard

/ dɪská:ʳd /

動 を捨てる

例 **discard** old computers
（古いコンピューターを捨てる）

☑ 0620

discriminate

/ dɪskrímɪneɪt /

動 差別する

派 名 **discrimination**（差別）

例 **discriminate** against people on the basis
of their age（年齢により人を差別する）

まとめてCheck!	派生語をPlus!	suspend
suspenders	名（ズボンつり, サスペンダー）	
suspense	名（不安感, サスペンス）	
suspensive	形（未決定の, 一時中断の）	

まとめてCheck!	語源をCheck!	pel「追う, 押す」
compel	com(完全に)＋pel(追い立てる)→(に無理やりさせる)	
dispel	dis(向こうへ)＋pel(追う)→(を追い散らす)	
expel	ex(外へ)＋pel(追う)→(を追い出す)	
propel	pro(前へ)＋pel(押す)→(を前進させる)	

おさえておきたい重要単語

英検準1級動詞⑤

0621	**dispose** / dɪspóʊz /	動 を配列する 派 名 **disposal**（配置） 例 **dispose** tables in order （テーブルを整然と配置する）
0622	**disrupt** / dɪsrʌ́pt /	動 を中断させる 派 名 **disruption**（中断） 例 **disrupt** family conversation （家族の会話を中断させる）
0623	**distort** / dɪstɔ́ːt /	動 を曲げる 派 名 **distortion**（ゆがめること） 例 **distort** a person's perceptions by prejudice （人の認識を偏見によってねじ曲げる）
0624	**enrich** / ɪnrítʃ /	動 を豊かにする 派 形 **rich**（豊かな） 例 **enrich** one's life through one's friends （友人によって自分の人生を豊かにする）
0625	**excel** / ɪksél /	動 秀でている 派 形 **excellent**（優秀な） 例 **excel** in academics（学問の分野で秀でる）
0626	**facilitate** / fəsíləteɪt /	動 を容易にする 派 名 **facilitation**（容易にすること） 例 **facilitate** the production process for biofuels（バイオ燃料の製造工程を容易にする）
0627	**glide** / glaɪd /	動 すべるように動く 派 名 **glider**（グライダー） 例 **glide** through the water （水中をすべるように進む）
0628	**immigrate** / ímɪɡreɪt /	動 移住する 派 名 **immigration**（移住） 例 be forced to **immigrate** to this country （この国への移住を余儀なくされる）

START

1900語

25% 50% 75% 100%

単語編

RANK
B

動詞

名詞

形容詞・副詞

☑ 0629	**induce** / ɪndjúːs /	動 を引き起こす
		派 名 **induction**（誘導）
		例 **induce** a fear of failure（失敗するという恐れを引き起こす）

☑ 0630	**inhale** / ɪnhéɪl /	動 を吸い込む
		派 名 **inhalation**（吸入）
		例 **inhale** small quantities of radioactive substances（少量の放射性物質を吸い込む）

☑ 0631	**integrate** / ɪ́ntəɡreɪt /	動 を統合する
		派 名 **integration**（統合）
		例 **integrate** electronics with medical care（電子工学と医療を結び付ける）

☑ 0632	**intensify** / ɪnténsɪfaɪ /	動 を激しくする
		派 形 **intense**（激しい）
		例 **intensify** competition for jobs（求職競争を激化させる）

☑ 0633	**irritate** / ɪ́rɪteɪt /	動 を刺激する
		派 名 **irritation**（刺激）
		例 **irritate** people's eyes and noses（人の目と鼻を刺激する）

☑ 0634	**isolate** / áɪsəleɪt /	動 を分離する
		派 名 **isolation**（分離）
		例 **isolate** specific brain signals（特定の脳の信号を分離する）

☑ 0635	**magnify** / mǽɡnɪfaɪ /	動 を拡大する
		派 名 **magnification**（拡大）
		例 **magnify** an object up to 30 times its normal size（物を通常の大きさの30倍にまで拡大する）

まとめてCheck!	語源をCheck!	rupt「破れた」
abrupt	ab（離れて）+rupt（破れた）→（突然の）	
bankrupt	bank（銀行）+rupt（破れた）→（破産した）	
disrupt	dis（分離して）+rupt（破れた）→（を中断させる）	
interrupt	inter（間に）+rupt（破れた）→（のじゃまをする）	

まとめてCheck!	類語をCheck!	「移住する」
migrate	仕事などのために地域に一時的に移住する	
emigrate	永住目的で自国から他国へ移住する	
immigrate	永住目的で他国から移住してくる	

おさえておきたい重要単語

英検準1級動詞⑥

☑ 0636
memorize
/ méməraɪz /

動 を暗記する

派 名 **memory** (記憶)
例 **memorize** a list of words
(単語リストを暗記する)

☑ 0637
outdo
/ àʊtdúː /

動 にまさる

例 **outdo** a person in a lot of areas
(人に多くの分野でまさっている)

☑ 0638
outweigh
/ àʊtwéɪ /

動 にまさる

例 expect rewards that **outweigh** the risks
(危険にまさる報酬を期待する)

☑ 0639
presume
/ prɪzjúːm /

動 を推定する

派 名 **presumption** (推定)
例 be **presumed** innocent until proven guilty
(有罪と証明されるまでは無罪と見なされる)

☑ 0640
refill
/ riːfíl /

動 を再び満たす

派 動 **fill** (を満たす)
例 **refill** a tank (タンクを再び満たす)

☑ 0641
refresh
/ rɪfréʃ /

動 の気分をさわやかにする

派 名 **refreshment** (元気回復)
例 **refresh** oneself by taking a shower
(シャワーを浴びてさっぱりする)

☑ 0642
retrieve
/ rɪtríːv /

動 を取り戻す

派 名 **retrieval** (回収)
例 **retrieve** a dropped wallet from the train
tracks (落とした財布を線路から回収する)

☑ 0643
revolve
/ rɪváːlv ‖ -vɔ́lv /

動 回転する

派 名 **revolution** (回転)
例 **revolve** around the sun (太陽の周りを回る)

☑ 0644	**roam** / roʊm /	動 を歩き回る 派 名 **roamer** (放浪者) 例 **roam** the streets looking for souvenirs (土産物を探して通りを歩き回る)
☑ 0645	**shorten** / ʃɔ́ːrtn /	動 を短くする 派 形 **short** (短い) 例 **shorten** the length of criminal trials (刑事裁判の期間を短縮する)
☑ 0646	**signify** / sígnɪfaɪ /	動 を意味する 派 形 **significant** (重要な) 例 What does this traffic sign **signify**? (この交通標識は何を意味しますか。)
☑ 0647	**simplify** / símplɪfaɪ /	動 を簡単にする 派 名 **simplification** (簡素化) 例 **simplify** one's life (生活を簡素化する)
☑ 0648	**stun** / stʌn /	動 をぼうぜんとさせる 派 形 **stunning** (驚くべき) 例 be **stunned** by the news of an accident (事故のニュースにぼうぜんとする)
☑ 0649	**tackle** / tǽkəl /	動 に取り組む 例 **tackle** a contentious issue (係争中の問題に取り組む)
☑ 0650	**triple** / trípəl /	動 3倍になる 派 名 **triplet** (3つ組) 例 **triple** over the past 50 years (過去 50 年間で 3 倍になる)

まとめてCheck!	派生語をPlus!	presume
presumably	副 (たぶん, おそらく)	
presumptive	形 (推定の, 推定に基づく)	
presumptuous	形 (ずうずうしい, 出しゃばる)	

まとめてCheck!	関連語をCheck!	triple (3倍になる)
single	(1つの)	
double	(2倍になる)	
quadruple	(4倍になる)	

おさえておきたい重要単語

英検準1級動詞⑦

| ☑ 0590 | **wither**
/ wíðəʳ / | **動 しおれる**
派 形 **withering**（しおれさせる）
例 All the plants in the garden had **withered**.
（庭の植物は全てしおれていた。） |

| ☑ 0592 | **adore**
/ ədɔ́ːʳ / | **動 を深く敬愛する**
派 名 **adoration**（敬愛）
例 **adore** one's teacher（先生を深く敬愛する） |

| ☑ 0653 | **arouse**
/ əráʊz /　●発音 | **動 を呼び起こす**
派 名 **arousal**（刺激）
例 **arouse** an interest in history
（歴史に対する関心を呼び起こす） |

| ☑ 0654 | **assess**
/ əsés / | **動 を評価する**
派 名 **assessment**（評価）
例 **assess** a situation objectively
（状況を客観的に判断する） |

| ☑ 0655 | **cherish**
/ tʃérɪʃ / | **動 を大事にする**
例 **cherish** one's memories
（思い出を大切にする） |

| ☑ 0656 | **chill**
/ tʃíl / | **動 を冷やす**
派 形 **chilled**（冷やされた，冷えた）
例 **chill** meat before cutting it
（肉を切る前に冷やす） |

| ☑ 0657 | **choke**
/ tʃóʊk / | **動 息が詰まる**
派 形 **choking**（息を詰まらせるような）
例 **choke** with information（情報で息が詰まる） |

| ☑ 0658 | **circulate**
/ sɔ́ːʳkjəleɪt / | **動 循環する**
派 名 **circulation**（循環）
例 **circulate** in the bloodstream
（血流中を循環する） |

☑ 0659	**clarify** / klǽrəfaɪ /	動 を明らかにする 派 名 **clarification** (解明) 例 **clarify** how Mars was created （火星がどのようにできたのかを明らかにする）
☑ 0660	**coincide** / kòʊɪnsáɪd /	動 一致する 派 名 **coincidence** (一致) 例 **coincide** with the company's hundredth birthday（会社の創立 100 周年記念日と重なる）
☑ 0661	**comprehend** / kὰːmprɪhénd ‖ kɔ̀m- / 🔊アク	動 を理解する 派 名 **comprehension** (理解) 例 **comprehend** his new theory （彼の新しい理論を理解する）
☑ 0662	**conceive** / kənsíːv /	動 を思いつく 派 名 **conception** (考え) 例 **conceive** a new business idea （新しいビジネスのアイディアを思いつく）
☑ 0663	**contemplate** / kάːnṭəmpleɪt ‖ kɔ́n- /	動 を熟考する 派 名 **contemplation** (熟考) 例 **contemplate** the meaning of infinity （永遠の意味について熟考する）
☑ 0664	**deceive** / dɪsíːv /	動 をだます 派 形 **deceitful** (人をだます) 例 **deceive** the public （大衆をあざむく）
☑ 0665	**depress** / dɪprés /	動 を意気消沈させる 派 名 **depression** (憂鬱(ゆううつ)) 例 be **depressed** by the fear of death （死の恐怖に気がふさいでいる）

まとめてCheck!	派生語をPlus!	comprehend
comprehensible	形 (理解できる)	
comprehensive	形 (包括的な, 広範囲の)	

まとめてCheck!	類語をCheck!	「だます」
deceive	人に間違ったことを信じ込ませる	
cheat	人に気づかれないうちに不正を働く	
trick	巧みな計画でだます	
swindle	金をだまし取る	

おさえておきたい重要単語

英検準1級動詞⑧

0666	**despise** / dɪspáɪz /	動 を軽蔑する 派 形 **despicable**（卑しむべき） 例 **despise** a person for his/her cowardice （人の臆病さを軽蔑する）
0667	**disapprove** / dìsəprúːv /	動 好ましくないと思う 派 名 **disapproval**（非難） 例 **disapprove** of one's daughter's behavior （娘の振る舞いを好ましく思わない）
0668	**disguise** / dɪsgáɪz /	動 を隠す 例 **disguise** a fact（事実を隠す）
0669	**distract** / dɪstrǽkt /	動 の気を散らす 派 名 **distraction**（注意散漫） 例 **distract** one's audience（聴衆の気を散らす）
0670	**doze** / doʊz /	動 うたた寝する 派 名 **doziness**（眠気） 例 **doze** for a few hours（数時間うたた寝する）
0671	**exploit** / ɪksplɔ́ɪt /	動 を利用する 派 名 **exploitation**（利用） 例 **exploit** the desert's resources （砂漠の資源を利用する）
0672	**frown** / fraʊn /	動 まゆをひそめる 派 副 **frowningly**（まゆをひそめて） 例 **frown** at a person's behavior （人の態度にまゆをひそめる）
0673	**indulge** / ɪndʌ́ldʒ /	動 ふける 派 名 **indulgence**（ふけること） 例 **indulge** in fantasy（幻想にふける） **indulge in ～**「～にふける」

START
1900語

25%　　　50%　　　75%　　　100%

単語編

RANK
B

動詞

名詞

形容詞・副詞

☑ 0674

inhibit

/ ɪnhíbɪt /

動 を抑制する
派 名 **inhibition**（抑制）
例 **inhibit** the growth of microorganisms
（微生物の成長を抑制する）

☑ 0675

inquire

/ ɪnkwáɪəʳ /

動 尋ねる
派 名 **inquiry**（問い合わせ）
例 **inquire** about a phone bill
（電話の請求書について問い合わせる）

☑ 0676

liberate

/ líbəreɪt /

動 を解放する
派 名 **liberation**（解放）
例 **liberate** women from housework
（女性を家事から解放する）

☑ 0677

manipulate

/ mənípjəleɪt /

動 を巧みに操る
派 名 **manipulation**（巧みな操作）
例 **manipulate** symbols such as words and
numbers（語や数などの記号を巧みに操る）

☑ 0678

mislead

/ mɪslíːd /

動 を誤解させる
派 形 **misleading**（誤解を招く）
例 be **misled** by memories of one's youth
（若い頃の記憶に惑わされる）

☑ 0679

obsess

/ əbsés /

動 くよくよ考える
派 名 **obsession**（妄想）
例 **obsess** about all the alternatives
（あらゆる選択肢についてくよくよ考える）

☑ 0680

offset

/ ɔ́ːfsèt ‖ ɔ́f- /

動 を埋め合わせる
例 **offset** travel expenses
（出張費を補填(ほてん)する）

まとめてCheck!	類語をCheck!　「軽蔑する」
despise	軽蔑してさげすむ
look down on	相手を自分より劣っているとして見下す
disdain	尊敬に値しないものとみなす
scorn	相手が愚かだと感じる

まとめてCheck!	意味をPlus!　　disguise
動 を変装させる：**disguise** oneself as a king（王様に扮する）	
名 変装用具：put on a **disguise**（変装する）	
名 変装：a master of **disguise**（変装の名人）	

おさえておきたい重要単語

英検準1級動詞⑨

☑ 0681
overlap

/ òʊvəˈlæp /

動 重複する
例 **overlap** with another area of research
（別の研究分野と重複する）

☑ 0682
pave

/ peɪv /

動 を舗装する
派 名 **pavement**（舗装道路）
例 **pave** the way for the future
（将来のために道を舗装する）

☑ 0683
persist

/ pəˈsɪst /

動 固執する
派 形 **persistent**（永続的な）
例 **persist** in one's dream（夢に固執する）
persist in ～「～に固執する」

☑ 0684
prolong

/ prəlɔ́ːŋ ‖ -lɔ́ŋ /

動 を延ばす
派 名 **prolongation**（延長）
例 **prolong** life（延命する）

☑ 0685
purify

/ pjʊ́ərɪfaɪ /

動 を浄化する
派 形 **pure**（純粋な）
例 **purify** water（水を浄化する）

☑ 0686
reap

/ riːp /

動 を受け取る
例 **reap** higher profits（より多い利益を得る）

☑ 0687
refrain

/ rɪfréɪn /

動 差し控える
例 **refrain** from smoking in a car
（車内での喫煙を遠慮する）
refrain from ～「～を慎む」

☑ 0688
soothe

/ suːð /

動 を和らげる
派 形 **soothing**（和らげる）
例 **soothe** a person's pain（人の苦痛を和らげる）

START
25%
50%
75%
100%
1900語

単語編

RANK
B

動詞

0689 specify

/ spésəfaɪ /

動 を明確に記す

派 形 **specific**（明確な）

例 **specify** in detail those involved
（関係者を詳細に示す）

0690 suppress

/ səprés /

動 を抑える

派 名 **suppression**（制制）

例 **suppress** one's anger（怒りを抑える）

0691 sympathize

/ símpəθaɪz /

動 同情する

派 名 **sympathy**（同情）

例 **sympathize** with all victims
（全ての犠牲者に同情する）

0692 tolerate

/ tάːləreɪt ‖ tɔ́l- /

動 に耐性がある

派 名 **tolerance**（忍耐力）

例 **tolerate** chemicals found in water
（水中の化学物質に耐性がある）

0693 undo

/ ʌndúː /

動 を元の状態に戻す

派 形 **undone**（ほどけた）

例 **undo** the damage caused by computer viruses
（コンピューターウイルスによる被害を復旧する）

0694 unfold

/ ʌnfóʊld /

動 展開する

例 dramatic events that **unfold** in sequence
（順番に展開する劇的な出来事）

0695 upload

/ ʌ́ploʊd /

動 をアップロードする

例 **upload** material such as photos
（写真などの素材をアップロードする）

まとめてCheck!	語源をCheck!	sist「立つ」
consist	con(共に)+sist(立つ)→(成り立つ)	
exist	ex(外へ)+sist(立つ)→(存在する)	
insist	in(中に)+sist(立つ)→(主張する)	
persist	per(通して)+sist(立つ)→(固執する)	

まとめてCheck!	派生語をPlus!	tolerate
tolerable	形（耐えられる）	
tolerant	形（寛大な, 耐性のある）	
toleration	名（寛容, 許容）	

RANK B	おさえておきたい重要単語

英検準1級名詞①

administration
0696
/ ədmìnɪstréɪʃən /

名 経営, 管理
派 動 **administer** (を管理する)
例 go to the **administration** office
（管理事務所に行く）

admission
0697
/ ədmíʃən /

名 入場(許可)
派 動 **admit** ((入場)を認める)
例 free **admission** to the museum
（博物館への無料入場）

antibiotic
0698
/ æ̀ntɪbaɪɑːtɪk ‖ -ɔ́t- /

名 抗生物質
例 be eliminated by **antibiotics**
（抗生物質によって取り除かれる）

ash
0699
/ æʃ /

名 灰
派 形 **ashy** (灰の)
例 **ash** that is released when coal is burned
（石炭が燃焼する時に発生する灰）

attendant
0700
/ əténdənt /

名 接客係
派 動 **attend** (の世話をする)
例 a flight **attendant** （客室乗務員）

bargain
0701
/ báːʳgɪn /

名 安い買い物
例 at a **bargain** price （安売り価格で）

booth
0702
/ buːθ ‖ buːð /

名 ブース
例 be interested in a company's **booth**
（ある会社のブースに関心を持つ）
電話ボックスや投票所のような小室を指す

bride
0703
/ braɪd /

名 花嫁
派 形 **bridal** (花嫁の)
例 make a toast to the **bride** and groom
（新郎新婦に乾杯する）

名詞

☑ 0704

cave
/ keɪv /

名 洞窟
例 **caves** which are open to visitors
（観光客に公開されている洞窟）

☑ 0705

chemistry
/ kémɪstri /

名 化学
派 名 **chemist**（化学者）
例 study **chemistry** at college
（大学で化学を研究する）

☑ 0706

cholesterol
/ kəléstəroʊl ‖ -rɔl /

名 コレステロール
例 measure **cholesterol**
（コレステロール値を測定する）

☑ 0707

circuit
/ sə́ːʳkɪt /

名 回路
派 動 **circle**（回る）
例 metals from **circuit** boards
（回路基板から取り出した金属）

☑ 0708

command
/ kəmǽnd ‖ -mɑ́ːnd /

名 命令
派 名 **commander**（司令官）
例 obey human **commands**（人間の命令に従う）

☑ 0709

competitor
/ kəmpéṭəṭəʳ /

名 競争相手
派 動 **compete**（競争する）
例 have no **competitors**（競争相手がいない）

☑ 0710

controversy
/ kɑ́ːntrəvəːʳsi ‖ kɔ̀n-, kəntrɔ́vəsi /

名 論争
派 形 **controversial**（論議を呼ぶ）
例 cause **controversy**（論争を引き起こす）

まとめてCheck! 類語をCheck!	「命令」
order	ある行為を強制的にさせること
command	権力のある人による命令で, 特に軍事的な意味で用いる
direction	公式にある行為をするよう伝達すること
instruction	人にある行動をするよう指示すること

まとめてCheck! 関連語をCheck!	controversy(論争)		
debate	(討論)	dispute	(論争, 争議)
discussion	(話し合い)	talks	(会談, 協議)
quarrel	(口論)	negotiation	(交渉)
argument	(議論)		

おさえておきたい重要単語

英検準1級名詞②

☑ 0711
council
/ káʊnsəl /

名 評議会, 会議
派 名 **councilor** (議員)
例 a student **council** meeting
（学生自治会の会合）

☑ 0712
craft
/ kræft ‖ krɑːft /

名 (職人などの)技術
派 名 **craftsman** (職人)
例 traditional Japanese **crafts**
（伝統的な日本の技術）

☑ 0713
dairy
/ déəri /　　　●発音

名 酪農場
派 名 **dairyman** (酪農家)
例 eat **dairy** products（乳製品を食べる）

☑ 0714
dash
/ dæʃ /

名 ダッシュ(記号)
例 a combination of **dashes** and dots
（ダッシュとドットの組み合わせ）

☑ 0715
decay
/ dɪkéɪ /

名 腐食
例 prevent tooth **decay**（虫歯を予防する）

☑ 0716
definition
/ dèfəníʃən /

名 定義
派 動 **define** (を定義する)
例 the dictionary **definition** of a word
（ある語の辞書の定義）

☑ 0717
demonstration
/ dèmənstréɪʃən /

名 実演
派 動 **demonstrate** (を実演してみせる)
例 a product **demonstration** for a client
（顧客向けの商品実演）

☑ 0718
destruction
/ dɪstrʌ́kʃən /

名 破壊
派 動 **destroy** (を破壊する)
例 **destruction** of the environment（環境破壊）

☑ 0719	**disposal** / dɪspóʊzəl /	名 処分 例 a factory's waste-**disposal** policy （工場の廃棄物処理方針）
☑ 0720	**dot** / dɑ:t ‖ dɔt /	名 点 例 small red **dots** on the skin （皮膚の小さな赤い点）
☑ 0721	**existence** / ɪgzístəns /	名 存在 派 動 **exist**（存在する） 例 be in **existence** for a long time （長い間存在する）
☑ 0722	**expertise** / èkspəˈtíːz /	名 専門的知識 派 名 **expert**（熟練者） 例 use technological **expertise** （技術的専門知識を使う）
☑ 0723	**eyesight** / áɪsaɪt /	名 視力 例 have good **eyesight**（視力がよい）
☑ 0724	**fame** / feɪm /	名 名声 派 形 **famous**（有名な） 例 attain everlasting **fame** （永続的な名声を得る）
☑ 0725	**fascination** / fæsɪnéɪʃən /	名 魅了されること 派 動 **fascinate**（を魅了する） 例 the Japanese **fascination** with blood types （日本人が血液型に引きつけられること）

まとめてCheck!	類語をCheck!	「会議」
meeting	「会議」に用いられる最も一般的な語	
council	比較的小規模で審議などを必要とする公的な会議	
conference	公式の大規模な会議	
assembly	特定の目的のための集会・会合	

まとめてCheck!	意味をPlus!	demonstration
名 デモ, 恣意行動：a **demonstration** against nuclear power plants（反原発デモ）		
名 証明, 立証：a clear **demonstration** of economic depression（経済不況の明らかな証明）		
名 （感情の）表明, 表示：a **demonstration** of affection（愛情の表現）		

おさえておきたい重要単語

英検準1級名詞③

☑ 0726
firework
/ fáɪəʳwəːʳk /

名 花火
例 watch **fireworks**（花火を見物する）

☑ 0727
flavor
/ fléɪvəʳ /

名 風味
派 形 **flavorless**（風味のない）
例 add cherry **flavor** to ice cream
（アイスクリームにサクランボの風味を加える）

☑ 0728
gardening
/ gáːʳdnɪŋ /

名 ガーデニング
派 名 **garden**（庭）
例 an outdoor hobby like **gardening**
（ガーデニングのような戸外の趣味）

☑ 0729
grocery
/ gróʊsəri /

名 食料雑貨類
派 名 **grocer**（食料雑貨商人）
例 buy a lot of **groceries**
（たくさんの食料品を買う）

☑ 0730
hygiene
/ háɪdʒiːn /

名 衛生
派 形 **hygienic**（衛生上の）
例 the public's attitudes toward **hygiene**
（衛生状態に対する一般市民の考え方）

☑ 0731
innovation
/ ìnəvéɪʃən /

名 革新
派 形 **innovative**（革新的な）
例 **innovations** in technology
（テクノロジーにおける革新）

☑ 0732
interpretation
/ ɪntə̀ːʳprɪtéɪʃən /

名 解釈
派 動 **interpret**（を解釈する）
例 different **interpretations** of the same data
（同じデータのさまざまな解釈）

☑ 0733
invasion
/ ɪnvéɪʒən /

名 侵略
派 動 **invade**（を侵略する）
例 a fear of foreign **invasion**
（外国からの侵略に対する恐れ）

☑ 0734	**isolation** / àɪsəléɪʃən /	名 孤立 派 動 **isolate**（を孤立させる） 例 cause social **isolation** （社会的孤立の原因となる）
☑ 0735	**kidney** / kídni /	名 腎臓 例 a fatal **kidney** problem（致命的な腎臓障害）
☑ 0736	**landscape** / lǽndskeɪp /	名 風景 派 名 **landscaper**（造園家） 例 a rural American **landscape** （アメリカの田舎の風景）
☑ 0737	**legislation** / lèdʒɪsléɪʃən /	名 法律 派 形 **legislative**（立法の） 例 pass **legislation**（法案を可決する）
☑ 0738	**liver** / lívəʳ /	名 肝臓 派 形 **liverish**（肝臓の具合が悪い） 例 organs such as the kidneys and **liver** （腎臓や肝臓などの器官）
☑ 0739	**luxury** / lʌ́gʒəri, lʌ́kʃə- ‖ lʌ́kʃə- /	名 ぜいたく 派 形 **luxurious**（ぜいたくな） 例 tax **luxury** items（ぜいたく品に税金をかける）
☑ 0740	**manual** / mǽnjuəl /	名 マニュアル 派 副 **manually**（手で） 例 a handy computer **manual** （簡便なコンピューターのマニュアル）

まとめてCheck!	類語をCheck!	「風景」
landscape	主に内陸の景色・風景	
view	ある場所から見られる, 特に美しい眺め	
scenery	地方などの美しい景色・景観	

まとめてCheck!	関連語をCheck!	liver（肝臓）	
heart	（心臓）	stomach	（胃）
kidney	（腎臓）	large [small] intestine	（大[小]腸）
pancreas	（膵臓(すいぞう))	duodenum	（十二指腸）
lungs	（肺）	appendix	（盲腸）

123

おさえておきたい重要単語

英検準1級名詞④

☑ 0741
meditation

/ mèdɪtéɪʃən /

名 瞑想(めいそう)

派 動 **meditate** (瞑想する)
例 the effects of **meditation** training
（瞑想訓練の効果）

☑ 0742
migration

/ maɪgréɪʃən /

名 移住

派 名 **migrant** (移住者)
例 a mass westward **migration**
（大規模な西部への移住）

☑ 0743
minority

/ mənɔ́ːrəṭi ‖ maɪnɔ́r- /

名 少数派

派 形 **minor** (より少ない)
例 the language of an indigenous **minority**
（先住少数民の言語）

☑ 0744
nursing

/ nə́ːˈsɪŋ /

名 看護

派 名 **nurse** (看護師)
例 study **nursing** at college
（大学で看護学を学ぶ）

☑ 0745
opposition

/ àːpəzíʃən ‖ ɔ̀p- /

名 反対

派 形 **opposite** (反対の)
例 face **opposition** from residents
（住民の反対にあう）

☑ 0746
overtime

/ óʊvəˈtaɪm /

名 超過勤務

例 pay an employee for **overtime**
（従業員に残業代を払う）

☑ 0747
philosophy

/ fɪláːsəfi ‖ -lɔ́s- /

名 哲学

派 名 **philosopher** (哲学者)
例 one's **philosophy** of education
（自身の教育哲学）

☑ 0748
physician

/ fɪzíʃən /

名 内科医

派 形 **physical** (身体の)
例 consult a **physician** （内科医の診察を受ける）

名詞

☑ 0749	**placement** / pléɪsmənt /	名 就職あっせん 派 動 **place** (に仕事を見つけてやる) 例 take a **placement** examination （採用試験を受ける）

☑ 0750	**planting** / plǽntɪŋ /	名 植え付け 派 動 **plant** (を植える) 例 the **planting** of trees（植林）

☑ 0751	**prejudice** / prédʒədɪs /	名 偏見 派 動 **prejudge** (を吟味しないで判断する) 例 **prejudice** against eating insects （昆虫食に対する偏見）

☑ 0752	**preservation** / prèzəˈvéɪʃən /	名 保存 派 動 **preserve** (を保存する) 例 environmental **preservation** activities （環境保護活動）

☑ 0753	**prosperity** / prɑːspérəṭi ‖ prɔs- /	名 繁栄 派 動 **prosper** (繁栄する) 例 global economic **prosperity** （世界的な経済的繁栄）

☑ 0754	**radar** / rèɪdɑːˠ /	名 レーダー 例 improvements in **radar** capabilities （レーダーの性能の向上）

☑ 0755	**receipt** / rɪsíːt /	名 領収書 派 動 **receive** (を受け取る) 例 ask for a **receipt**（領収書を要求する）

まとめてCheck!	派生語をPlus！	opposition
oppose	動 (に反対する)	
opposed	形 (反対する, 対立する)	
opposing	形 (敵対する, 反対の)	

まとめてCheck!	関連語をCheck！	prejudice(偏見)	
bias	(先入観, ひいき)	**discrimination**	(差別)
aversion	(嫌悪)	**misunderstanding**	(誤解)
favoritism	(えこひいき)		

おさえておきたい重要単語

英検準1級名詞⑤

☑ 0756
recovery

/ rɪkʌ́vəri /

名 回復
派 動 **recover** (回復する)
例 a stock market **recovery** (株式市場の回復)

☑ 0757
reform

/ rɪfɔ́ːm /

名 改革
派 形 **reformatory** (改革のための)
例 emphasize the importance of educational **reform** (教育改革の重要性を強調する)

☑ 0758
refund

/ ríːfʌnd /

名 払い戻し金
派 形 **refundable** (払い戻しできる)
例 receive a full **refund**
(全額払い戻しを受け取る)

☑ 0759
reliance

/ rɪláɪəns /

名 依存
例 **reliance** on foreign oil
(外国産の石油への依存)

☑ 0760
reunion

/ riːjúːnjən /

名 再会, 同窓会
派 動 **reunite** (を再会させる)
例 attend a class **reunion** (クラス会に出席する)

☑ 0761
satisfaction

/ sæ̀ṭɪsfǽkʃən /

名 満足
派 動 **satisfy** (を満足させる)
例 decrease customer **satisfaction**
(顧客の満足度を低める)

☑ 0762
scholar

/ skɑ́ːləʳ ‖ skɔ́lə /

名 学者
例 foreign **scholars** of Japanese literature
(外国の日本文学者)

☑ 0763
scholarship

/ skɑ́ːləʳʃɪp ‖ skɔ́l- /

名 奨学金
例 apply for a **scholarship** (奨学金に応募する)

名詞

☑ 0764
screening
/ skríːnɪŋ /

名 上映(会)
派 名 screen (スクリーン)
例 see a film **screening** (映画の上映を見る)

☑ 0765
seminar
/ sémɪnɑːʳ /

名 研修会
派 名 seminary (神学校)
例 attend a **seminar** on ethics
(倫理学のゼミに出席する)

☑ 0766
sewage
/ súːɪdʒ /
●発音

名 下水
派 名 sewer (下水道)
例 the city's water and **sewage** systems
(市の上下水道設備)

☑ 0767
smoker
/ smóʊkəʳ /

名 喫煙者
派 動 smoke (たばこを吸う)
例 the risk of becoming a **smoker**
(喫煙者になる危険性)

☑ 0768
supervisor
/ súːpəʳvaɪzəʳ /

名 監督者
派 動 supervise (を監督する)
例 an experienced script **supervisor**
(経験を積んだ脚本監督)

☑ 0769
terrorist
/ térərɪst /

名 テロリスト
派 名 terror (恐怖)
例 become a target of **terrorists**
(テロリストの標的になる)

☑ 0770
transaction
/ trænzækʃən, -sæk- /

名 取引
派 動 transact (取引する)
例 perform online **transactions**
(オンライン取引を行う)

まとめてCheck!	関連語をCheck!	scholar(学者)	
professor	(教授)	authority	(権威, 大家)
researcher	(研究者)	master	(名人, 達人)
specialist	(専門家)	teacher	(先生, 教師)

まとめてCheck!	関連語をCheck!	transaction(取引)	
exchange	(交換)	contract	(契約, 契約書)
trade	(貿易, 通商)	export	(輸出)
barter	(物々交換)	import	(輸入)
deal	(取引, 契約)		

おさえておきたい重要単語

英検準1級名詞⑥

| ☑ 0771 | **variation**
/ vèəriéɪʃən / | 名 変種
派 動 **vary**（異なる）
例 a new **variation** in mental-health counseling
（心理カウンセリングの新しい形） |

| ☑ 0772 | **violation**
/ vàɪəléɪʃən / | 名 違反
派 動 **violate**（(法律など)に違反する）
例 commit a traffic **violation**（交通違反を犯す） |

| ☑ 0773 | **warranty**
/ wɔ́ːrənṭi ‖ wɔ́r- / | 名 保証
派 動 **warrant**（を保証する）
例 a one-year **warranty** period
（1年間の保証期間） |

| ☑ 0774 | **wilderness**
/ wíldəˈnəs / | 名 荒野
派 形 **wild**（荒涼とした）
例 a camping trip in the **wilderness**
（荒野でのキャンプ旅行） |

| ☑ 0775 | **workshop**
/ wɔ́ːˈkʃɑːp ‖ -ʃɔp / | 名 ワークショップ
派 名 **work**（作業）
例 hold a **workshop**（ワークショップを開催する） |

| ☑ 0776 | **yield**
/ jiːld / | 名 収穫（量）
派 形 **yielding**（多産な）
例 a low crop **yield**（低収穫） |

| ☑ 0777 | **accomplishment**
/ əkɑ́ːmplɪʃmənt ‖ əkʌ́m- / | 名 業績
派 動 **accomplish**（を成し遂げる）
例 academic **accomplishment**（学問的業績） |

| ☑ 0778 | **adaptation**
/ ædæptéɪʃən / | 名 適応
派 動 **adapt**（を適応させる）
例 an **adaptation** to group living
（集団生活への適応） |

☑ 0779	**adoption** / ədɔ́ːpʃən ‖ ədɔ́p- /	名 採用 派 動 **adopt**（を採用する） 例 **adoption** of a new rating system （新しい評価システムの採用）
☑ 0780	**advancement** / ədvǽnsmənt ‖ -váːns- /	名 進歩 派 動 **advance**（進歩する） 例 technological **advancement** （テクノロジーの進歩）
☑ 0781	**allowance** / əláʊəns /　　● 発音	名 手当 派 動 **allow**（に支給する） 例 give children an **allowance** （子供たちに小遣いを与える）
☑ 0782	**altitude** / ǽltɪtjuːd /	名 高度 例 train at high **altitudes** （高地でトレーニングする）
☑ 0783	**ambulance** / ǽmbjələns /	名 救急車 例 call an **ambulance**（救急車を呼ぶ）
☑ 0784	**appetite** / ǽpɪtaɪt /	名 食欲 派 名 **appetizer**（食欲を増進するもの） 例 have an **appetite**（食欲がある）
☑ 0785	**appreciation** / əpriːʃiéɪʃən /	名 感謝 派 動 **appreciate**（に感謝する） 例 express one's **appreciation** （感謝の気持ちを表す）

まとめてCheck!	類語をCheck! 「種類」		
kind	種類を表す最も一般的な語	version	本・映画などの版・バージョン
variation	変化に伴う種類, 変種	type	同一の物の型・類型
variety	同種の中での種類		

まとめてCheck!	類語をCheck! 「業績」
accomplishment	特に何年もかけて達成した技術や能力
achievement	成功した結果や獲得したもの
results	成し遂げた結果・成績
performance	企業などの業績・実績

おさえておきたい重要単語

英検準1級名詞⑦

☑ 0786 **attraction**

/ ətrǽkʃən /

名 魅力
派 動 **attract**（を引きつける）
例 become a tourist **attraction**
（旅行者を引きつける場所になる）

☑ 0787 **availability**

/ əvèiləbíləti /

名 利用できること
派 形 **available**（利用できる）
例 the increasing **availability** of the Internet
（ますます利用しやすくなっているインターネット）

☑ 0788 **banking**

/ bǽŋkɪŋ /

名 銀行業務
派 名 **bank**（銀行）
例 online **banking** system
（オンラインの銀行業務システム）

☑ 0789 **barrel**

/ bǽrəl /

名 バレル（容量の単位）
例 consume two million **barrels** of oil
（200万バレルの石油を消費する）

☑ 0790 **boundary**

/ báundəri /

名 境界線
派 名 **bound**（境界）
例 cross national **boundaries**（国境を横断する）

☑ 0791 **bug**

/ bʌg /

名 虫
例 trap **bugs**（虫を捕まえる）

☑ 0792 **celebrity**

/ səlébrəti /

名 有名人
派 動 **celebrate**（を祝う）
例 become a **celebrity**（有名人になる）

☑ 0793 **chapter**

/ tʃǽptəʳ /

名 章
例 the first **chapter** of a book（本の最初の章）

☑ 0794	**childcare** / tʃáɪldkeəʳ /	名 保育 例 provide **childcare** service （保育サービスを提供する）
☑ 0795	**closet** / klɑ́:zət ‖ klɔ́z- /	名 クローゼット 例 clean out a **closet** （クローゼットをすっかりきれいにする）
☑ 0796	**commission** / kəmíʃən /	名 委員会 派 動 **commit**（を委託する） 例 form a **commission**（委員会を設立する）
☑ 0797	**comparison** / kəmpǽrɪsən /	名 比較 派 動 **compare**（を比較する） 例 a historical **comparison** of European art （ヨーロッパ美術の歴史的比較）
☑ 0798	**conditioning** / kəndíʃənɪŋ /	名 調整 派 名 **condition**（状態） 例 team **conditioning**（チームの調整状況）
☑ 0799	**contestant** / kəntéstənt /	名 競技者 派 名 **contest**（競技会） 例 all the **contestants** in a competition （競技会の全ての出場者）
☑ 0800	**density** / dénsəṭi /	名 密度 派 形 **dense**（密集した） 例 the population **density** of Japan （日本の人口密度）

まとめてCheck!	類語をCheck!	「魅力」
attraction	人を引きつける力	
charm	人を魅了する力や性質	
fascination	人をとりこにする能力や魅了された状態	
appeal	人の心に訴える力・人気	

まとめてCheck!	関連語をCheck!	bug（虫）	
insect	（昆虫）	beetle	（甲虫）
worm	（肢のない虫）	butterfly	（チョウ）
vermin	（害虫）	mosquito	（蚊）
cricket	（コオロギなどの鳴く虫）	moth	（ガ）

おさえておきたい重要単語

英検準1級名詞⑧

☑ 0801	**descendant** / dɪséndənt /	名 子孫 派 動 **descend**（下る） 例 **descendants** of large mammals （大型哺乳動物の子孫）
☑ 0802	**dialogue** / dáɪələːɡ ‖ -lɔɡ /	名 対話 例 a **dialogue** between an adult and a child （大人と子供の対話）
☑ 0803	**disability** / dɪsəbíləti /	名 障害 派 形 **disabled**（障害のある） 例 overcome one's **disabilities** （自身の障害を乗り越える）
☑ 0804	**diversity** / dəvə́ːʳsəti, daɪ- /	名 多様性 派 形 **diverse**（多様な） 例 the **diversity** of Australia （オーストラリアの多様性）
☑ 0805	**drain** / dreɪn /	名 排水管 派 名 **drainage**（排水） 例 fix a **drain**（排水管を修理する）
☑ 0806	**empire** / émpaɪəʳ /	名 帝国 派 名 **emperor**（皇帝） 例 increase an **empire**'s wealth （帝国の富を増やす）
☑ 0807	**engineering** / èndʒɪníərɪŋ /	名 工学技術, 土木工事 派 名 **engineer**（技師） 例 an **engineering** project（土木プロジェクト）
☑ 0808	**entry** / éntri /	名 入ること[権利] 派 動 **enter**（に入る） 例 free **entry** for one year （1年間の無料入場の権利）

名詞

0809 erosion
/ iróuʒən /

名 侵食
派 動 erode (を侵食する)
例 cause soil **erosion** (土壌侵食を引き起こす)

0810 filter
/ fíltəʳ /

名 ろ過器
例 the use of plants as air **filters**
(空気ろ過装置としての植物の利用)

0811 founder
/ fáundəʳ /

名 創設者
派 動 found (を創設する)
例 the **founder** of a company (企業の創業者)

0812 gathering
/ gǽðərɪŋ /

名 集まり
派 動 gather (集まる)
例 the conversation at a family **gathering**
(家族の集まりでの会話)

0813 gear
/ gɪəʳ /

名 道具一式
例 camping **gear** (キャンプ道具一式)

0814 grain
/ greɪn /

名 穀物
例 global **grain** production (世界の穀物生産)

0815 groom
/ gruːm /

名 花婿
例 a bride and **groom** (新郎新婦)

まとめてCheck!	反意語をCheck!
descendant	⇔ ancestor (先祖)
dialogue	⇔ monologue (独白)
entry	⇔ exit (出て行くこと;出口)
groom	⇔ bride (花嫁)

まとめてCheck!	関連語をCheck!	grain (穀物)	
crop	(作物)	rye	(ライ麦)
wheat	(麦)	rice	(米)
barley	(大麦)	corn	(トウモロコシ)
oats	(オート麦)	bean	(豆)

おさえておきたい重要単語

英検準1級名詞⑨

☑ 0816
guidance
/ gáɪdns /

名 指導
派 動 **guide**（を案内する，指導する）
例 give a person **guidance**（人を指導する）

☑ 0817
hydrogen
/ háɪdrədʒən /

名 水素
例 a trip in a **hydrogen** balloon
（水素気球での旅）

☑ 0818
identity
/ aɪdéntəti /

名 アイデンティティ
派 動 **identify**（の身元を確認する）
例 a worker's professional **identity**
（労働者の職業的アイデンティティ）

☑ 0819
impulse
/ ímpʌls /

名 刺激
派 名 **impulsion**（刺激を与えること）
例 the brain's electrical **impulses**
（脳の電気的刺激）

☑ 0820
infrastructure
/ ínfrəstrʌktʃəʳ /

名 インフラ
例 build the necessary **infrastructure**
（必要なインフラを構築する）

☑ 0821
insult
/ ínsʌlt /

名 侮辱
例 an **insult** to indigenous peoples
（先住民に対する侮辱）

☑ 0822
interaction
/ ìntərǽkʃən /

名 相互作用
派 動 **interact**（相互に作用する）
例 human-robot **interaction**
（人間とロボットの相互作用）

☑ 0823
intersection
/ ìntəʳsékʃən, ‒‒‒‒‒ /

名 交差点
派 動 **intersect**（と交差する）
例 stand at an **intersection**（交差点に立つ）

25% 50% 75% 100%

単語編

RANK **B**

名詞

0824 landfill
/ lǽndfìl /
名 埋め立て地
例 put waste into a **landfill**
（埋め立て地に廃棄物を投じる）

0825 landlord
/ lǽndlɔ̀ːʳd /
名 大家, 家主
派 名 **land**（土地）
例 rent an apartment from a private **landlord**
（個人の家主からアパートを借りる）

0826 layer
/ léɪəʳ /
名 層
派 動 **lay**（を敷く）
例 a huge hole in the ozone **layer**
（オゾン層の大きな穴）

0827 legacy
/ légəsi /
名 遺産, 遺物
例 an unfortunate **legacy** of the mines
（鉱山の不幸な遺産）

0828 lifetime
/ láɪftàɪm /
名 生涯
派 名 **life**（人生）
例 in one's **lifetime**（存命中に）

0829 lightning
/ láɪtnɪŋ /
名 稲妻
例 be hit by **lightning**（雷に打たれる）

0830 likelihood
/ láɪklihʊd /
名 見込み
派 形 **likely**（ありそうな）
例 **likelihood** of finding employment
（仕事が見つかる可能性）

まとめてCheck! 関連語をCheck!	hydrogen（水素）	
oxygen	（酸素）	carbon monoxide （一酸化炭素）
nitrogen	（窒素）	methane （メタン）
helium	（ヘリウム）	ammonia （アンモニア）
carbon dioxide	（二酸化炭素）	

まとめてCheck! 類語をCheck! 「遺産」	
inheritance	受け継いだ動産・不動産, 相続財産
heritage	言語・建造物などの文化的な遺産
legacy	遺言によって受け継いだ財産

135

おさえておきたい重要単語

英検準1級名詞⑩

☑ 0831	**limitation** / lìmɪtéɪʃən /	名 **制限** 派 名 **limit**（限界） 例 technological **limitations**（技術的な制約）
☑ 0832	**maturity** / mətʃʊ́ərəṭi /	名 **成熟** 派 形 **mature**（十分成長した） 例 reach **maturity**（成熟する）
☑ 0833	**meadow** / médoʊ /　●発音	名 **牧草地** 例 a barbecue in a **meadow** （牧草地でのバーベキュー）
☑ 0834	**means** / mi:nz /	名 **手段** 例 an effective **means** of education （効果的な教育手段）
☑ 0835	**mechanic** / mɪkǽnɪk /	名 **機械工** 派 形 **mechanical**（機械の） 例 an auto **mechanic**（自動車整備工）
☑ 0836	**millennium** / mɪléniəm /	名 **千年間** 派 形 **millennial**（千年の） 例 at the beginning of the new **millennium** （新しい千年紀の初めに）
☑ 0837	**mineral** / mínərəl /	名 **鉱物** 派 名 **mine**（鉱山） 例 valuable metals and other **minerals** （貴金属およびその他の鉱物）
☑ 0838	**mobility** / moʊbíləṭi /	名 **可動性, 移動性** 派 形 **mobile**（移動できる） 例 have limited **mobility**（運動制限がある）

☑ 0839	**modification** / mɑ̀ːdɪfɪkéɪʃən ‖ mɔ̀d- /	名 **修正** 派 動 **modify**（を修正する） 例 genetic **modification**（遺伝子組み換え）
☑ 0840	**nightmare** / náɪtmeəʳ /	名 **悪夢** 例 have a **nightmare**（悪夢を見る）
☑ 0841	**objection** / əbdʒékʃən /	名 **反対** 派 動 **object**（反対する） 例 raise an **objection**（反対を唱える）
☑ 0842	**obligation** / ɑ̀ːblɪɡéɪʃən ‖ ɔ̀b- /	名 **義務** 派 動 **oblige**（に義務づける） 例 fulfill one's **obligation**（義務を果たす）
☑ 0843	**observer** / əbzɚ́ːvəʳ /	名 **監視者** 派 動 **observe**（を監視する） 例 invite an outside **observer** （外部のオブザーバーを招く）
☑ 0844	**offering** / ɔ́ːfərɪŋ ‖ ɔ́f- /	名 **供え物** 派 動 **offer**（を供える） 例 **offerings** of food at the shrine （神社に供えられた食べ物）
☑ 0845	**organizer** / ɔ́ːʳɡənaɪzəʳ /	名 **主催者** 派 動 **organize**（を組織する） 例 a project **organizer**（プロジェクトの主催者）

まとめてCheck!	関連語をCheck! millennium（千年間）
month	（1か月）
year	（1年間）
decade	（10年間）
century	（100年間, 1世紀）

まとめてCheck!	類語をCheck! 「義務」
duty	良心・道徳などによる義務
obligation	契約・慣習によって生じる義務で, dutyよりも堅い語
responsibility	特定の個人に課せられた責任・義務

おさえておきたい重要単語

英検準1級名詞⑪

☑ 0846
outlook
/ áʊtlʊk /

名 見通し
例 have a positive **outlook**
（楽観的な見通しを持つ）

☑ 0847
output
/ áʊtpʊt /

名 生産高
例 yield a significant **output**
（相当の生産高をもたらす）

☑ 0848
peasant
/ pézənt /
● 発音

名 農夫
派 名 **peasantry**（小作農）
例 be from a poor **peasant** family
（貧しい農家の出である）

☑ 0849
penalty
/ pénlti /
🎤 ア ク

名 刑罰
派 動 **penalize**（を罰する）
例 impose a financial **penalty**（罰金を課す）

☑ 0850
plot
/ plɑːt ‖ plɔt /

名 （小説・劇などの）筋
例 an original **plot** of a movie（映画の元の筋）

☑ 0851
pollutant
/ pəlúːtnt /

名 汚染物質
派 名 **pollution**（汚染）
例 remove all **pollutants** from water
（水から全ての汚染物質を取り除く）

☑ 0852
possession
/ pəzéʃən /

名 所有物
派 動 **possess**（を所有する）
例 take **possession** of an apartment house
（アパートを所有する）

☑ 0853
preference
/ préfərəns /

名 好み
派 動 **prefer**（の方を好む）
例 change one's **preference** for certain food
（特定の食物に対する好みを変える）

START
25%
50%
75%
100%
1900語

単語編

RANK
B

☑ 0854

proof

/ pru:f /

名 証拠
派 動 **prove**（を証明する）
例 have scientific **proof**（科学的証拠がある）

☑ 0855

province

/ prá:vɪns ‖ prɔ́v- /

名 州
派 形 **provincial**（州の）
例 Canada's western **provinces**
（カナダの西部諸州）

☑ 0856

punishment

/ pʌ́nɪʃmənt /

名 処罰
派 動 **punish**（を罰する）
例 receive strict **punishment**
（厳格な処罰を受ける）

☑ 0857

reasoning

/ ríːzənɪŋ /

名 推論
派 動 **reason**（と推論する）
例 teach scientific **reasoning**
（科学的推論を教える）

☑ 0858

recession

/ rɪséʃən /

名 景気後退
派 形 **recessionary**（景気後退の）
例 the recent U.S. **recession**
（近年の米国の景気後退）

☑ 0859

recommendation

/ rèkəmendéɪʃən /

名 推薦
派 動 **recommend**（を推薦する）
例 a letter of **recommendation** for a job
（就職の推薦状）

☑ 0860

resort

/ rɪzɔ́ːʳt /

名 行楽地
例 at a **resort** area（リゾート地で）

まとめてCheck!	関連語をCheck!	peasant（農夫）	
farmer	（農場経営者）	stockbreeder	（牧畜業者）
rancher	（牧場経営者[労働者]）	cattleman	（牛飼い）
agriculturist	（農学者）	shepherd	（羊飼い）
gardener	（庭師）		

まとめてCheck!	類語をCheck! 「刑罰」
punishment	「罰」を表す一般的な語
penalty	規則や法律を破ったときに課せられる刑罰
sentence	犯罪に対して課せられる判決・刑
fine	刑罰として課せられる罰金

おさえておきたい重要単語

英検準1級名詞⑫

☑ 0861
restoration

/ rèstəréɪʃən /

名 修復
派 動 **restore**（を元に戻す）
例 a beach **restoration** project（海岸修復計画）

☑ 0862
restroom

/ réstruːm /

名 化粧室
派 名 **rest**（休息）
例 go to the **restroom**（お手洗いに行く）

☑ 0863
ritual

/ rítʃuəl /

名 儀式
派 形 **ritualistic**（儀式的な）
例 perform a **ritual**（儀式を行う）

☑ 0864
sanctuary

/ sǽŋktʃueri ‖ -əri /

名 保護区域
例 build a primate **sanctuary**
（霊長類の保護区域を作る）

☑ 0865
scenery

/ síːnəri /

名 風景
派 名 **scene**（景色）
例 paint pictures of **scenery**（風景画を描く）

☑ 0866
scheme

/ skiːm /

名 計画
派 名 **schemer**（策略家）
例 an ambitious financial **scheme**
（野心的な財政計画）

☑ 0867
sculpture

/ skʌ́lptʃəʳ /

名 彫刻
派 名 **sculptor**（彫刻家）
例 a collection of stone **sculptures**
（石の彫刻のコレクション）

☑ 0868
setting

/ séṭɪŋ /

名 環境
派 動 **set**（を設定する）
例 provide a pleasant educational **setting**
（快適な教育環境を提供する）

sociology
☑ 0869

/ sòusiɑ́:lədʒi ‖ -ʃiɔ́l- /

名 社会学
派 名 **society** (社会)
例 study **sociology** at college
(大学で社会学を勉強する)

stem
☑ 0870

/ stem /

名 茎
例 the **stems** and leaves of a plant
(植物の茎と葉)

stimulus
☑ 0871

/ stímjələs /

名 刺激
派 動 **stimulate** (を刺激する)
例 a certain kind of visual **stimulus**
(ある種の視覚的刺激)

strain
☑ 0872

/ strein /

名 緊張状態, 重圧
例 put a physical **strain** on a person
(人に身体的負担をかける)

syndrome
☑ 0873

/ síndroum /

名 症候群
例 sick building **syndrome**
(シックハウス症候群)

teller
☑ 0874

/ télər /

名 出納係
例 an automatic **teller** (現金自動預払機)

temper
☑ 0875

/ témpər /

名 機嫌, 落ち着き
派 名 **temperament** (気質)
例 lose one's **temper** easily (すぐかっとなる)

まとめてCheck!	類語をCheck! 「化粧室」
restroom	ホテルや劇場の化粧室
bathroom	主に個人住宅のお手洗い・トイレ
toilet	「トイレ」を表す直接的な表現
lavatory	toiletよりは堅い語

まとめてCheck!	類語をCheck! 「儀式」
ceremony	「儀式・式典」を表す一般的な語
ritual	宗教的・慣習的な儀式・祭典
rite	特に宗教的な目的のために行われる儀式
service	特にキリスト教の礼拝・儀式

おさえておきたい重要単語

英検準1級名詞⑬

☑ 0876
terrorism

/ térərizəm /

名 テロリズム
派 名 **terror**（恐怖）
例 be on high alert for **terrorism**
（テロに対して厳戒態勢にある）

☑ 0877
testimony

/ téstɪmoʊni ‖ -məni /

名 証言
派 名 **testimonial**（証明書）
例 give **testimony** in court（裁判で証言する）

☑ 0878
tuition

/ tjuíʃən /

名 授業料
例 collect additional **tuition** fees
（追加の授業料を徴収する）

☑ 0879
usage

/ júːsɪdʒ, -zɪdʒ /

名 使用(量)
派 動 **use**（を使う）
例 data on electricity **usage**
（電気の使用量のデータ）

☑ 0880
utility

/ jutíləti /

名 実用性
派 動 **utilize**（を利用する）
例 have no immediate **utility**
（すぐには役に立たない）

☑ 0881
vaccine

/ væksíːn ‖ -́– /

名 ワクチン
派 動 **vaccinate**（に予防注射をする）
例 give a person his/her first **vaccine**
（人に最初のワクチンを投与する）

☑ 0882
ward

/ wɔːʳd /

名 病棟
例 staff in a **ward**（ある病棟のスタッフ）

☑ 0883
waterfall

/ wɔ́ːtəʳfɔːl /

名 滝
例 a small pond with a **waterfall**
（滝のある小さな池）

START
25%
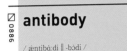
50% 75% 100%
1900語
単語編
RANK
B

☑ 0884

welfare

/ wélfeə' /

名 福祉

例 social **welfare** issues（社会福祉の問題）

☑ 0885

wound

/ wu:nd /

名 傷

例 heal the **wounds** of the world wars
（世界大戦の傷を癒やす）

☑ 0886

antibody

/ ǽnṭibὰːdi ‖ -bɔ̀di /

名 抗体

例 a disease-fighting **antibody**
（病気と闘う抗体）

☑ 0887

asset

/ ǽset /

名 資産

例 household financial **assets**（個人金融資産）

☑ 0888

breakthrough

/ bréikθru: /

名 躍進

例 make a scientific **breakthrough**
（科学的な躍進を遂げる）

☑ 0889

capability

/ kèipəbíləṭi /

名 能力

派 形 **capable**（有能な）
例 improvements in radar **capabilities**
（レーダーの性能の向上）

☑ 0890

collision

/ kəlíʒən /

名 衝突

派 動 **collide**（衝突する）
例 avoid **collisions** with trucks
（トラックとの衝突を避ける）

☑ 0891

competence

/ kάːmpəṭəʈis ‖ -ʈəns /

名 能力

派 形 **competent**（有能な）
例 based on seniority rather than **competence**
（能力よりむしろ年功序列に基づいて）

まとめてCheck! 類語をCheck!	「能力」
ability	「能力」を表す一般的な語
capability	実際に発揮される能力
capacity	特定分野の能力, 建物や乗り物の収容能力
competence	仕事などで要求される専門的な能力

おさえておきたい重要単語

英検準1級名詞⑭

☑ 0892

consultation

/ kὰːnsəltéɪʃən ‖ kὸn- /

名 **相談, 診察**

派 動 **consult** (に意見を聞く)
例 schedule a **consultation**
（相談の予定を入れる）

☑ 0893

contradiction

/ kὰːntrədíkʃən ‖ kὸn- /

名 **矛盾**

派 動 **contradict** (と矛盾する)
例 present an apparent **contradiction**
（明らかな矛盾を見せる）

☑ 0894

correlation

/ kɔ̀ːrəléɪʃən ‖ kɔ̀r- /

名 **関連**

派 動 **correlate** (を互いに関連させる)
例 a **correlation** between global warming and biological change（地球温暖化と生物学的変化の関連）

☑ 0895

deficit

/ défəsɪt /

名 **赤字**

派 形 **deficient** (不足した)
例 the annual trade **deficit**（年間の貿易赤字）

☑ 0896

deforestation

/ dìːfɔ̀ːrɪstéɪʃən ‖ -fɔ̀r- /

名 **森林伐採**

例 concern about **deforestation**
（森林伐採に関する懸念）

☑ 0897

diagnosis

/ dàɪəgnóʊsɪs /

名 **診断**

派 動 **diagnose** (を診断する)
例 make an appropriate early **diagnosis**
（早期の適切な診察をする）

☑ 0898

dilemma

/ dɪlémə /

名 **ジレンマ**

例 resolve a **dilemma**（ジレンマを解消する）

☑ 0899

discomfort

/ dɪskʌ́mfəˀt /

名 **不快**

例 cause physical **discomfort**
（身体的不快感を引き起こす）

☑ 0900	**endurance** / ɪndjúərəns /	名 耐久力 派 動 **endure**（に耐える） 例 a horse's speed and **endurance** （馬のスピードと耐久力）
☑ 0901	**extinction** / ɪkstíŋkʃən /	名 絶滅 派 形 **extinct**（絶滅した） 例 be in danger of **extinction** （絶滅の危機にある）
☑ 0902	**identification** / aɪdèntɪfɪkéɪʃən /	名 身元確認[証明] 派 動 **identify**（を確認する） 例 have some **identification** （身元証明になるものを持っている）
☑ 0903	**incentive** / ɪnséntɪv /	名 報奨金 例 offer a financial **incentive** （報奨金を提供する）
☑ 0904	**interference** / ɪntəˈfɪərəns /	名 干渉 派 動 **interfere**（干渉する） 例 avoid **interference** by people （人々の干渉を避ける）
☑ 0905	**intervention** / ɪntəˈvénʃən /	名 介入 派 動 **intervene**（介入する） 例 justify a military **intervention** （軍事介入を正当化する）
☑ 0906	**literacy** / lítərəsi /	名 読み書き能力 例 have high reading **literacy** （高い読解能力を持つ）
☑ 0907	**makeup** / méɪkʌp /	名 化粧 例 the clown's colorful **makeup** （ピエロの派手な化粧）

まとめてCheck!	派生語をPlus!	contradiction
contradictable	形 （反駁(はんばく)できる）	
contradictor	名 （反駁者）	
contradictory	形 （矛盾した）	

おさえておきたい重要単語

英検準1級名詞⑮

0608

modernization

/ mὰ:dəˈnəzéɪʃən ‖ mɔ́dənaɪz- /

名 近代化

派 形 **modern** (現代的な)
例 the rapid **modernization** of America
(アメリカの急速な近代化)

0609

offspring

/ ɔ́:fsprɪŋ ‖ ɔ́f- /

名 子孫

例 be handed down to female **offspring**
(女性の子孫に受け継がれる)

0610

oppression

/ əpréʃən /

名 圧制

派 形 **oppressive** (圧制的な)
例 escape government **oppression**
(政府の圧制から逃れる)

0611

outsider

/ ὰʊtsáɪdəʳ /

名 部外者

派 名 **outside** (外側)
例 feel like an **outsider** (よそ者のように感じる)

0612

rebellion

/ rɪbéljən /

名 反乱

派 動 **rebel** (反乱を起こす)
例 a **rebellion** against feudalism
(封建制度に対する反乱)

0613

respondent

/ rɪspάːndənt ‖ -pɔ́n- /

名 回答者

派 動 **respond** (答える)
例 a percentage of survey **respondents**
(調査の回答者の割合)

0614

skull

/ skʌl /

名 頭蓋骨

例 the **skull** and incomplete skeleton of an
adult (成人の頭蓋骨と不完全な骨格)

0615

surveillance

/ səʳvéɪləns /

名 監視

例 under public **surveillance**
(公的な監視を受けて)

☑ 0916
trait
/ treɪt ‖ treɪ /

名 特徴
例 a person's physical **traits**（人の身体的特徴）

☑ 0917
workout
/ wə́ːˈkaʊt /

名 トレーニング
例 30-minute daily **workout**
（30 分の毎日のトレーニング）

☑ 0918
addiction
/ ədíkʃən /

名 中毒
派 動 **addict**（を中毒にさせる）
例 break one's **addiction** to the Internet
（インターネット中毒を断つ）

☑ 0919
alliance
/ əláɪəns /

名 提携
派 動 **ally**（提携する）
例 form an **alliance** with a British company
（英国企業と提携する）

☑ 0920
annoyance
/ ənɔ́ɪəns /

名 いら立ち
派 動 **annoy**（をいらいらさせる）
例 show one's **annoyance**（いら立ちを表す）

☑ 0921
circulation
/ sə̀ːˈkjəléɪʃən /

名 循環
派 動 **circulate**（循環する）
例 lead to poor blood **circulation**
（血液の循環が悪くなる）

☑ 0922
coincidence
/ koʊínsɪdəns /

名 偶然の一致
派 動 **coincide**（同時に起こる）
例 by sheer **coincidence**（全くの偶然で）

☑ 0923
compassion
/ kəmpǽʃən /

名 同情
派 形 **compassionate**（同情的な）
例 feelings of love and **compassion**
（愛と同情という感情）

まとめてCheck!　類語をCheck!　「同情」	
compassion	進んで助けたいと思う同情
sympathy	人の苦しみ・悲しみに対する思いやりや共感
pity	弱者に対する哀れみの気持ち

147

おさえておきたい重要単語

英検準1級名詞⑯

| ☑ 0924 | **compensation**
/ kà:mpənséɪʃən ‖ kɔ̀m- / | 名 補償(金)
派 動 **compensate** (を償う)
例 pay **compensation** (補償金を支払う) |

| ☑ 0925 | **completion**
/ kəmpliːʃən / | 名 完成
派 動 **complete** (を完成させる)
例 celebrate the **completion** of a project
(プロジェクトの完了を祝う) |

| ☑ 0926 | **compliment**
/ kà:mpləmənt ‖ kɔ̀m- / | 名 賛辞
派 形 **complimentary** (敬意を表す)
例 give **compliments** to one's boss
(上司にお世辞を言う) |

| ☑ 0927 | **conquest**
/ kà:nkwest, kà:ŋ- ‖ kɔ́ŋ- / | 名 征服
派 動 **conquer** (を征服する)
例 the Norman **Conquest** (ノルマン人の征服) |

| ☑ 0928 | **consensus**
/ kənsénsəs / | 名 (意見の)一致
派 動 **consent** (同意する)
例 reach a **consensus** among scientists
(科学者の間で意見が一致する) |

| ☑ 0929 | **correspondence**
/ kɔ̀:rəspà:ndəns ‖ kɔ̀rəspɔ́nd- / | 名 文通, 通信
派 動 **correspond** (文通する)
例 take a **correspondence** course
(通信教育を受ける) |

| ☑ 0930 | **counterpart**
/ káʊntəˈpɑːˈt / | 名 相当するもの
例 have **counterparts** in other countries
(他国に相当するものがある) |

| ☑ 0931 | **coverage**
/ kʌ́vərɪdʒ / | 名 報道
派 動 **cover** (を報道する)
例 wide media **coverage**
(広範囲なマスコミ報道) |

名詞

☑ 0932 **dedication**

/ dèdɪkéɪʃən /

名 献身
派 動 **dedicate** (をささげる)
例 **dedication** to one's family
(家族に対する献身)

☑ 0933 **descent**

/ dɪsént /

名 血統
派 動 **descend** (伝わる)
例 Brazilians of Japanese **descent**
(日系ブラジル人)

☑ 0934 **diplomat**

/ dípləmæt /　🔊アク

名 外交官
派 形 **diplomatic** (外交上の)
例 a British **diplomat** (英国の外交官)

☑ 0935 **drawback**

/ drɔ́ːbæk /

名 欠点
例 have a significant **drawback**
(重大な欠陥がある)

☑ 0936 **entrepreneur**

/ ὰːntrəprənə́ːʳ ‖ ɔ́n- /　🔊発音

名 企業家
派 形 **entrepreneurial** (企業家の)
例 a successful **entrepreneur** in the U.S.
(米国で成功している企業家)

☑ 0937 **eruption**

/ ɪrʌ́pʃən /

名 噴火
派 動 **erupt** (噴火する)
例 the Pinatubo **eruption** (ピナツボ火山の噴火)

☑ 0938 **fertility**

/ fəˑːtíləti /

名 肥沃(ひよく)
派 形 **fertile** (肥沃な)
例 maintain soil **fertility**
(土地の肥沃さを維持する)

☑ 0939 **forum**

/ fɔ́ːrəm /

名 公開討論会
例 hold an economic **forum**
(経済フォーラムを開く)

まとめてCheck!	類語をCheck！ 「欠点」
fault	「欠点」を表す一般的な語
defect	不完全な点や欠陥
shortcoming	通例ちょっとした欠点や短所
drawback	問題を引き起こすような計画などの欠点

おさえておきたい重要単語

英検準1級名詞⑰

☑ 0940
generosity

/ dʒènərɑ́:səṭi || -rɔ́s- /

名 寛大
派 形 **generous**（寛大な）
例 show unusual **generosity**
（非常な寛大さを示す）

☑ 0941
gratitude

/ grǽṭəṭju:d /

名 感謝
例 express **gratitude** for a gift
（贈り物に対して感謝の意を表す）

☑ 0942
hospitality

/ hɑ̀:spətǽləṭi || hɔ̀s- /

名 もてなし
派 形 **hospitable**（もてなしのよい）
例 work in the **hospitality** industry
（サービス業で働く）

☑ 0943
inheritance

/ ɪnhérɪṭəns /

名 遺伝
派 動 **inherit**（を受け継ぐ）
例 confuse biological **inheritance** with social acquisition
（生物学的遺伝と社会的な習得を混同する）

☑ 0944
initiative

/ ɪníʃəṭɪv /

名 主導権
派 形 **initial**（最初の）
例 take the **initiative**（主導権を握る）

☑ 0945
inscription

/ ɪnskrípʃən /

名 銘
派 動 **inscribe**（を記す）
例 carry an **inscription**（銘が書かれている）

☑ 0946
lawsuit

/ lɔ́:su:t || -sʲu:t /

名 訴訟
例 file a **lawsuit**（訴訟を起こす）

☑ 0947
manuscript

/ mǽnjəskrɪpt /

名 写本
例 digitize a **manuscript** collection
（写本のコレクションをデジタル化する）

☑ 0948 monarch

/ mάːnəʳk ‖ mɔ́n- / ●発音

名 君主
派 形 **monarchical** (君主の)
例 the power of a **monarch** (君主の権力)

☑ 0949 pastime

/ pǽstaɪm ‖ pάːs- /

名 娯楽
例 children's favorite **pastime**
(子供が大好きな娯楽)

☑ 0950 personnel

/ pὲːʳsənél / 🔊アク

名 人員, 職員
派 名 **person** (人)
例 cut **personnel** costs (人件費を削減する)

☑ 0951 ration

/ rǽʃən /

名 配給量
例 receive a double **ration** of milk
(2倍の配給量の牛乳を受け取る)

☑ 0952 recipient

/ rɪsípiənt /

名 受け取る人
派 動 **receive** (を受け取る)
例 the **recipient** of an award (受賞者)

☑ 0953 renovation

/ rènəvéɪʃən /

名 修理
派 動 **renovate** (を修理する)
例 undergo a major **renovation**
(大規模に修繕される)

☑ 0954 swarm

/ swɔ́ːʳm /

名 群れ
例 a **swarm** of mosquitos (蚊の群れ)

☑ 0955 utterance

/ ʌ́tərəns /

名 発話
派 動 **utter** ((言葉など)を発する)
例 imitate human **utterances**
(人間の発話をまねる)

まとめてCheck!	類語をCheck!	「訴訟」
lawsuit	問題を解決するために当事者を裁判所に召喚すること	
accusation	容疑者の罪を告発すること	
litigation	裁判所に申し立てをすること	
action	犯罪があったかどうかを決定する法手続き	

英検準1級形容詞・副詞など①

0956

minor

/ máinəʳ /

形 (比較的)重要[重大]でない
派 名 **minority** (少数)
例 have a **minor** cold (軽い風邪をひいている)

0957

authentic

/ ɔːθénṭɪk /

形 真正の
例 look **authentic** (本物に見える)

0958

beforehand

/ bɪfɔ́ːʳhænd /

副 あらかじめ
例 tell a person **beforehand**
(人にあらかじめ話す)

0959

behavioral

/ bɪhéɪvjərəl /

形 行動の
派 名 **behavior** (振る舞い)
例 have **behavioral** problems
(行動に問題がある)

0960

climatic

/ klaɪmǽṭɪk /

形 気候上の
派 名 **climate** (気候)
例 ideal **climatic** conditions for the growth of
bananas (バナナ栽培のための理想的な気象条件)

0961

ecological

/ iːkəlá:dʒɪkəl ‖ -lɔ́dʒ- /

形 生態学の
派 名 **ecology** (生態学)
例 **ecological** equivalents (生態的同位種)

0962

economical

/ iːkəná:mɪkəl, èk- ‖ -nɔ́m- /

形 経済的な
派 名 **economy** (経済)
例 an **economical** way (経済的な方法)

0963

hostile

/ hάːstl, -taɪl ‖ hɔ́staɪl /

形 敵意のある
派 名 **hostility** (敵意)
例 grow **hostile** toward one's rival
(ライバルに対して敵意を抱くようになる)

☑ 0964

inaccurate

/ ɪnǽkjərət /

形 不正確な

例 get **inaccurate** information
（不正確な情報を得る）

☑ 0965

indigenous

/ ɪndídʒənəs /

形 先住の

例 the language of an **indigenous** minority
（先住少数民の言語）

☑ 0966

informative

/ ɪnfɔ́ːrmətɪv /

形 情報を提供する

派 動 **inform**（に知らせる）
例 be **informative** for attendees
（出席者に情報を提供する）

☑ 0967

irresponsible

/ ɪrɪspάːnsəbəl ‖ -spɔ́n- /

形 無責任な

派 名 **irresponsibility**（無責任）
例 **irresponsible** behavior（無責任な態度）

☑ 0968

monetary

/ mάːnəteri ‖ mʌ́nɪtəri /

形 金銭的な

派 名 **money**（お金）
例 get **monetary** support
（金銭的な支援を受ける）

☑ 0969

nutritious

/ njutríʃəs /

形 栄養のある

派 名 **nutrition**（栄養）
例 be more **nutritious** than vegetables
（野菜よりももっと栄養がある）

☑ 0970

obvious

/ άːbviəs ‖ ɔ́b- /

形 明らかな

派 副 **obviously**（明らかに）
例 for **obvious** reasons（明白な理由で）

形容詞・副詞 など

まとめてCheck!	反意語をCheck!
minor	⇔ **major**（重大な）
inaccurate	⇔ **accurate**（正確な）
irresponsible	⇔ **responsible**（責任のある）

まとめてCheck!	派生語をPlus！	economical
economic	形（経済の）	
economics	名（経済学）	
economist	名（経済学者, エコノミスト）	

153

おさえておきたい重要単語

英検準1級形容詞・副詞など②

☑ 0971	**portable** / pɔ́ːrʈəbəl /	形 持ち運びできる 例 a **portable** radio（携帯ラジオ）
☑ 0972	**prepared** / prɪpéərd /	形 用意のできた 派 動 **prepare**（を用意する） 例 be **prepared** for a disaster（災害に備える）
☑ 0973	**presidential** / prèzɪdénʃəl /	形 大統領（選）の 派 名 **president**（大統領） 例 a **presidential** candidate（大統領候補）
☑ 0974	**prior** / práɪər /	形 前の 派 名 **priority**（先であること） 例 **prior** to 2000（2000 年より前に） **prior to ~**「~より以前に」
☑ 0975	**rotten** / rɑ́ːtn ‖ rɔ́tn /	形 腐った 派 動 **rot**（腐る） 例 become **rotten** in a warm room （暖かい部屋で腐る）
☑ 0976	**salty** / sɔ́ːlti /	形 塩を含む 派 名 **salt**（塩） 例 slightly **salty** water（わずかに塩味のする水）
☑ 0977	**sensitive** / sénsəṭɪv /	形 取り扱いの難しい 派 動 **sense**（を感じる） 例 a **sensitive** political situation （微妙な政治状況）
☑ 0978	**sophisticated** / səfístɪkeɪṭɪd /	形 洗練された 派 名 **sophistication**（洗練） 例 dance in a **sophisticated** way （洗練されたやり方で踊る）

surgical

/ sə́ːrdʒɪkəl /

形 外科(手術)の

派 名 **surgery**（外科）
例 a **surgical** technique（手術法）

0979

suspicious

/ səspíʃəs /

形 疑い深い

派 名 **suspicion**（疑い）
例 be **suspicious** of a new method of losing weight（新しい減量法を疑っている）

0980

unchanged

/ ʌntʃéɪndʒd /

形 変化していない

例 remain largely **unchanged**
（大部分は元のままである）

0981

unfamiliar

/ ʌnfəmíljər ‖ -liə /

形 なじみの薄い

例 an **unfamiliar** custom（なじみの薄い習慣）

0982

unfriendly

/ ʌnfréndli /

形 友好的でない

例 be on **unfriendly** terms with one's neighbors
（近所の人たちと友好的な関係でない）

0983

unreliable

/ ʌnrɪláɪəbəl /

形 信頼できない

例 be **unreliable** in matters of one's taste
（味覚に関して当てにならない）

0984

vicious

/ víʃəs /

形 悪徳の, ひどい

派 名 **vice**（悪徳）
例 a **vicious** cycle of poverty（貧困の悪循環）

0985

まとめてCheck! 類語をCheck!	「腐った」
bad	(食べ物などが)悪くなった, だめになった
rotten	(カビなどが付いて)腐った
decayed	(通例食べ物以外の物が)腐敗した, (歯が)虫歯になった
sour	(牛乳などが)すっぱくなった

まとめてCheck! 関連語をCheck!		vicious(悪徳の)	
immoral	(不道徳な)	cruel	(残酷な)
inhuman	(不人情な, 非人間的な)	sadistic	(加虐的な)
merciless	(非情な)	savage	(凶暴な)

おさえておきたい重要単語

英検準1級形容詞・副詞など③

☑ 0986
mistaken
/ mɪstéɪkən /

形 誤った
派 動 **mistake**（を間違える）
例 be led to **mistaken** beliefs
（誤った信念へと導かれる）

☑ 0987
vast
/ væst ‖ vɑːst /

形 莫大な
派 副 **vastly**（大いに）
例 the **vast** majority（大多数）

☑ 0988
colored
/ kʌ́ləʰd /

形 色の付いた
派 名 **color**（色）
例 **colored** water（色の付いた水）

☑ 0989
diseased
/ dɪzíːzd /

形 病気の
派 名 **disease**（病気）
例 a **diseased** Japanese apricot tree
（病気にかかった梅の木）

☑ 0990
focused
/ fóʊkəst /

形 精神的に集中した
派 動 **focus**（を集中させる）
例 be **focused** on watching TV
（テレビを見ることに集中する）

☑ 0991
administrative
/ ədmínɪstreɪţɪv ‖ -trət- /

形 管理の
派 動 **administer**（を管理する）
例 a chief **administrative** officer
（最高総務責任者）

☑ 0992
archaeological
/ àːˈkiəlάːdʒɪkəl ‖ -lάdʒ- /

形 考古学の
派 名 **archaeology**（考古学）
例 find **archaeological** evidence
（考古学上の証拠を発見する）

☑ 0993
chronic
/ krάːnɪk ‖ krɔ́n- /

形（病気が）慢性の
例 the main cause of **chronic** stress
（慢性のストレスの主な原因）

☑ 0994	**competent** / ká:mpəṭənt ‖ kɔ́m- /	形 有能な 派 名 **competence**（能力） 例 a **competent** executive（有能な経営幹部）

☑ 0995	**compulsory** / kəmpʌ́lsəri /	形 強制的な 派 動 **compel**（を強いる） 例 the **compulsory** use of rubber gloves （ゴム手袋の義務的な使用）

☑ 0996	**dedicated** / dédɪkeɪţɪd /	形 ひたむきな 派 動 **dedicate**（にささげる） 例 a **dedicated** teacher（献身的な教師）

☑ 0997	**defensive** / dɪfénsɪv /	形 （態度・言葉などが）守勢の 派 名 **defense**（防御） 例 be very **defensive**（非常に受身である）

☑ 0998	**entertaining** / ènṭəˈtéɪnɪŋ /	形 面白い 派 動 **entertain**（を楽しませる） 例 an **entertaining** circus（面白いサーカス団）

☑ 0999	**exceptional** / ɪksépʃənəl /	形 特に優れた 派 名 **exception**（例外） 例 be born with **exceptional** talent （類まれな才能を持って生まれる）

☑ 1000	**formerly** / fɔ́ːˈməˈli /	副 以前は 派 形 **former**（前の） 例 a woman **formerly** known as an actor （以前は役者として知られていた女性）

形容詞・副詞 など

まとめてCheck! 類語をCheck!	「間違った」
wrong	正しくない、真実に基づいていない
false	本当ではない
mistaken	間違いを犯している
incorrect	正確ではない、誤っている

まとめてCheck! 類語をCheck!	「面白い」
entertaining	人を楽しませる
funny	面白おかしい、こっけいで笑わせる
interesting	知的興味を起こさせる
amusing	楽しい笑いを起こさせる

おさえておきたい重要単語

英検準1級形容詞・副詞など④

☑ 1001 **functional**
/ fʌ́ŋkʃənəl /

形 機能を果たせる
派 名 **function**（機能）
例 be not fully **functional**
（十分に機能していない）

☑ 1002 **gloomy**
/ glúːmi /

形 薄暗い
派 名 **gloom**（薄暗がり）
例 a **gloomy** house（薄暗い家）

☑ 1003 **gradual**
/ grǽdʒuəl /

形 徐々の
派 副 **gradually**（徐々に）
例 a sign of **gradual** evolution
（ゆっくりとした進化のしるし）

☑ 1004 **historically**
/ hɪstɔ́ːrɪkli ‖ -tɔ́r- /

副 歴史的に
派 形 **historical**（歴史の）
例 prove to be **historically** false
（歴史的に誤りであると分かる）

☑ 1005 **industrialized**
/ ɪndʌ́striəlaɪzd /

形 工業化した
派 名 **industry**（産業）
例 need help from **industrialized** countries
（工業化した国々からの援助が必要である）

☑ 1006 **innovative**
/ ínəveɪtɪv /

形 革新的な
派 名 **innovation**（革新）
例 use an **innovative** technique
（革新的技術を用いる）

☑ 1007 **intentionally**
/ ɪnténʃənəli /

副 故意に
派 名 **intention**（意思）
例 disturb a class **intentionally**
（故意に授業を妨げる）

☑ 1008 **lasting**
/ lǽstɪŋ ‖ lɑ́ːst- /

形 永続する
派 動 **last**（続く）
例 have a **lasting** effect（効果が永続的である）

☑ 1009	**magnetic**	形 **磁力を持った**
	/ mægnéṭɪk /	派 名 **magnet**（磁石） 例 the Earth's **magnetic** field（地球の磁場）

☑ 1010	**messy**	形 **散らかった**
	/ mési /	派 名 **mess**（乱雑） 例 a **messy** desk（散らかった机）

☑ 1011	**mixed**	形 **雑多の**
	/ mɪkst /	派 動 **mix**（を混ぜる） 例 cause the brain to get **mixed** messages （脳に雑多なメッセージを受け取らせる）

☑ 1012	**notably**	副 **著しく**
	/ nóuṭəbli /	派 形 **notable**（著しい） 例 be **notably** different from others （他の人たちと著しく異なる）

☑ 1013	**persuasive**	形 **説得力のある**
	/ pəˈswéɪsɪv /	派 動 **persuade**（を説得する） 例 make a **persuasive** argument （説得力のある議論を行う）

☑ 1014	**pessimistic**	形 **悲観的な**
	/ pèsəmístɪk /	派 名 **pessimist**（悲観論者） 例 take a **pessimistic** view（悲観的な目で見る）

☑ 1015	**philosophical**	形 **哲学の**
	/ filəsάːfɪkəl ‖ -sɔ́f- /	派 名 **philosophy**（哲学） 例 get an answer to a **philosophical** question （哲学的な問題に対する答えを得る）

まとめてCheck!	反意語をCheck！
gradual	⇔ **fast, rapid**（急速な）
messy	⇔ **tidy**（きちんと片付いた）
pessimistic	⇔ **optimistic**（楽観的な）

まとめてCheck!	関連語をCheck！	**industrialized**（工業化した）	
modern	（現代的な）	**advanced**	（先進の）
developed	（発達した）	**urban**	（都会の）
civilized	（文明化した）	**up-to-date**	（最新の）

おさえておきたい重要単語

英検準1級形容詞・副詞など⑤

☑ 1016	**prestigious** / presti:dʒəs, -stidʒ- ‖ -stidʒ- /	形 名声のある 派 名 **prestige**（名声） 例 gain a **prestigious** position （名誉ある地位を得る）
☑ 1017	**privately** / práɪvətli /	副 個人として 派 形 **private**（個人的な） 例 a **privately** owned shop（個人が所有する店）
☑ 1018	**professionally** / prəféʃənəli /	副 専門的に 派 形 **professional**（専門職の） 例 a **professionally** trained person （専門的な訓練を受けた人）
☑ 1019	**random** / rǽndəm /	形 手当たり次第の 例 a **random** guess（当てずっぽう）
☑ 1020	**recycled** / ri:sáɪkəld /	形 再(生)利用された 派 動 **recycle**（を再(生)利用する） 例 be made from **recycled** plastic （再生利用されたプラスチックから作られる）
☑ 1021	**restless** / réstləs /	形 落ち着かない 派 名 **rest**（休息） 例 be very **restless**（とても落ち着かない）
☑ 1022	**rigid** / rídʒɪd /	形 厳格な 派 副 **rigidly**（厳格に） 例 have **rigid** rules（厳格な規則がある）
☐ 1023	**scenic** / sí:nɪk /	形 景色の良い 派 名 **scenery**（景色） 例 take a **scenic** route along the coast （海岸沿いの眺めの良い道を通る）

形容詞・副詞など

☑ 1024
seasonal
/ síːzənl /

形 季節の
派 名 **season**（季節）
例 rainfall presented as **seasonal** averages
（各季節の平均として表される降雨量）

☑ 1025
spicy
/ spáɪsi /

形 香辛料の効いた
派 名 **spice**（香辛料）
例 eat **spicy** tacos（スパイシーなタコスを食べる）

☑ 1026
spontaneous
/ spɑːntéɪniəs ‖ spɔn- /

形 自然に起こる
例 cause **spontaneous** laughter
（自然な笑いを引き起こす）

☑ 1027
stuck
/ stʌk /

形 動かない
派 動 **stick**（を固定する）
例 get **stuck**（動けなくなる）

☑ 1028
subjective
/ səbdʒéktɪv /

形 主観的な
派 名 **subject**（主観）
例 objective and **subjective** aspects of social life（社会生活の客観的および主観的な面）

☑ 1029
trivial
/ tríviəl /

形 ささいな
例 get upset over **trivial** things
（ささいなことで腹を立てる）

☑ 1030
ultimately
/ ʌ́ltɪmətli /

副 最終的に
派 形 **ultimate**（最終の）
例 **ultimately** give way to another language
（最終的に別の言語に取って代わられる）

まとめてCheck!	反意語をCheck!
privately	⇔ **publicly**（公的に）
subjective	⇔ **objective**（客観的な）
trivial	⇔ **essential**（非常に重大な）

まとめてCheck!	類語をCheck! 「名声のある」
famous	「有名な」の意味の一般的な語
prestigious	名声のある, 名門の
distinguished	称賛されたり尊敬されたりしている
notorious	悪名高い

おさえておきたい重要単語

英検準1級形容詞・副詞など⑥

☑ 1031	**undergraduate** / ˌʌndəˈgrædʒuət /	形 大学生の 例 an **undergraduate** student（大学生）
☑ 1032	**unfairly** / ˌʌnféəˈli /	副 不当に 派 形 **unfair**（不当な） 例 be treated **unfairly**（不当に扱われる）
☑ 1033	**unfit** / ʌnfít /	形 適さない 例 be **unfit** for swimming（泳ぐのに適さない）
☑ 1034	**universally** / jùːnɪvəˈsəli /	副 普遍的に 派 形 **universal**（普遍的な） 例 be **universally** accepted （万人に受け入れられる）
☑ 1035	**unpredictable** / ˌʌnprɪdíktəbəl /	形 予測できない 例 be **unpredictable** at present （今のところ予測できない）
☑ 1036	**unreasonable** / ʌnríːznəbəl /	形 不合理な 例 be **unreasonable** to judge them under different conditions（異なる状況下でそれらを判断するのは無理である）
☑ 1037	**unsure** / ʌnʃúəˈ /	形 確信がない 例 be **unsure** of the difference between countries （国家間の違いがよく分からない）
☑ 1038	**vegetarian** / vèdʒətéəriən /	形 菜食主義の 派 名 **vegetable**（野菜） 例 a **vegetarian** restaurant（菜食レストラン）

形容詞・副詞など

☑ 1039 **vigorous**

/ vígərəs /

形 力強い

派 名 **vigor**（活力）

例 **vigorous** exercise（激しい運動）

☑ 1040 **voluntary**

/ vá:lənteri ‖ vɔ́ləntəri /

形 自発的な

派 名 **volunteer**（志願者）

例 make a **voluntary** decision to do it
（それをするということを自発的に決める）

☑ 1041 **adorable**

/ ədɔ́:rəbəl /

形 とてもかわいい

派 動 **adore**（を敬愛する）

例 an **adorable** kitten（とてもかわいい子猫）

☑ 1042 **allergic**

/ ələ́ːʳdʒɪk /

形 アレルギーの

派 名 **allergy**（アレルギー）

例 be **allergic** to wheat（小麦アレルギーである）

☑ 1043 **animated**

/ ǽnɪmeɪtɪd /

形 アニメの

派 名 **animation**（アニメーション）

例 an **animated** movie（アニメ映画）

☑ 1044 **anonymous**

/ ənáːnɪməs ‖ ənɔ́n- /

形 匿名の

派 名 **anonymity**（匿名）

例 receive an **anonymous** letter
（匿名の手紙を受け取る）

☑ 1045 **casually**

/ kǽʒuəli /

副 何気なく

派 形 **casual**（無頓着な）

例 respond **casually** to a question
（質問に何気なく答える）

まとめてCheck!	反意語をCheck!
unfairly	⇔ **fairly**（公正に）
unpredictable	⇔ **predictable**（予測できる）
unreasonable	⇔ **reasonable**（合理的な）

まとめてCheck!	類語をCheck! 「とてもかわいい」
lovely	美しくてかわいい, 愛らしい
pretty	（女性・子供・小さい物が）かわいい, すてきな
adorable	とても魅力的で愛情を感じるほどかわいい
cute	（子供・小動物などが）小さくてかわいい, 魅力がある

おさえておきたい重要単語

英検準1級形容詞・副詞など⑦

☑ 1046	**communicative** / kəmjúːnəkeɪt̬ɪv ‖ -nɪkə- /	形 コミュニケーションの(ための) 派 名 **communication** (伝達) 例 the **communicative** abilities of infants （幼児のコミュニケーション能力）
☑ 1047	**comparable** / káːmpərəbəl ‖ kɔ́m- /	形 類似の 派 動 **compare** (を比較する) 例 be **comparable** in size to a cellular phone （携帯電話と同じくらいのサイズである）
☑ 1048	**cosmetic** / kɑːzmét̬ɪk ‖ kɔz- /	形 化粧の 例 use **cosmetic** products（化粧品を使う）
☑ 1049	**decisive** / dɪsáɪsɪv /	形 決定的な 派 名 **decision** (決定) 例 become a **decisive** factor in setting a new standard（新基準設定の決定的要因となる）
☑ 1050	**explicit** / ɪksplísɪt /	形 明確な 例 an **explicit** comment（明確なコメント）
☑ 1051	**expressive** / ɪksprésɪv /	形 表情に富む 派 動 **express** (を表現する) 例 be attracted by a person's **expressive** face （人の表情豊かな顔に魅力を感じる）
☑ 1052	**fake** / feɪk /	形 偽の 例 print **fake** bills（偽札を印刷する）
☑ 1053	**fearful** / fíəˡfəl /	形 恐れる, 心配である 派 動 **fear** (を恐れる) 例 be **fearful** of one's old age（老後を心配する）

形容詞・副詞など

☑ 1054

fluid

/ flúːɪd /

形 流動性の

派 名 **fluidity** (流動(性))
例 **fluid** assets (流動資産)

☑ 1055

furious

/ fjúəriəs /

形 激怒した

派 名 **fury** (激しい怒り)
例 get **furious** about a person's laziness
(人の不精にひどく立腹する)

☑ 1056

gifted

/ gíftɪd /

形 優れた才能のある

派 名 **gift** (天賦の才能)
例 be **gifted** at music (音楽に優れた才がある)

☑ 1057

halfway

/ hæfwèɪ ‖ hàːf- /

副 半分だけ

例 come from **halfway** around the world
(地球を半周してやって来る)

☑ 1058

imaginative

/ ɪmædʒənəṭɪv /

形 想像の, 想像力に富んだ

派 名 **imagine** (を想像する)
例 engage in **imaginative** play
(創造的な遊びをする)

☑ 1059

immense

/ ɪméns /

形 非常に大きな

派 副 **immensely** (とても)
例 an **immense** amount of information
(膨大な量の情報)

☑ 1060

inadequate

/ ɪnǽdɪkwət /

形 不十分な

例 be **inadequate** for carrying heavy books
(重い本を運ぶには不十分である)

まとめてCheck!	関連語をCheck!	comparable(類似の)	
similar	(似ている)	equal	(等しい)
identical	(同一の)	different	(異なる)
same	(同じの)		

まとめてCheck!	反意語をCheck!
explicit	⇔ **implicit**(暗黙の)
fearful	⇔ **fearless**(恐れを知らない)
inadequate	⇔ **adequate**(十分な)

おさえておきたい重要単語

英検準1級形容詞・副詞など⑧

☑ 1061	**inappropriate** / ɪnəpróʊpriət /	形 **不適切な** 例 be **inappropriate** for the occasion （その場にそぐわない）
☑ 1062	**incapable** / ɪnkéɪpəbəl /	形 **能力を欠いている** 例 be **incapable** of self-assertion （自己主張ができない） **be incapable of ～「～ができない」**
☑ 1063	**inconvenient** / ɪnkənvíːniənt /	形 **不便な** 派 名 **inconvenience**（不便） 例 be **inconvenient** for a person （人にとって都合が悪い）
☑ 1064	**incorrect** / ɪnkərékt /	形 **不正確な** 例 be grammatically **incorrect** （文法的に誤りである）
☑ 1065	**incredibly** / ɪnkrédəbli /	副 **信じられないほど** 派 形 **incredible**（信じられない） 例 can run **incredibly** fast （信じられないほど速く走ることができる）
☑ 1066	**insane** / ɪnséɪn /	形 **正気でない** 派 名 **insanity**（狂気） 例 be **insane** with grief （深い悲しみで頭がおかしくなっている）
☑ 1067	**inspiring** / ɪnspáɪərɪŋ /	形 **鼓舞する** 派 動 **inspire**（を鼓舞する） 例 an **inspiring** message （気持ちを鼓舞するようなメッセージ）
☑ 1068	**interpersonal** / ɪntəˈpəˈːsənəl /	形 **対人関係の** 例 stress stemming from **interpersonal** relations （対人関係に起因するストレス）

START
25%
50%
75%
100%
1900語
単語編
RANK
B

形容詞・副詞など

☑ 1069

lawful

/ lɔ́:fəl /

形 **法律で認められた**

派 名 **law**（法律）

例 have a **lawful** right（合法的な権利がある）

☑ 1070

lengthy

/ léŋkθi /

形 **長時間の**

派 名 **length**（長さ）

例 **lengthy** exposure to a dangerous situation
（危険な状況に長時間身をさらすこと）

☑ 1071

luxurious

/ lʌɡʒúəriəs ‖ lʌkʒúəri- /

形 **豪華な**

派 名 **luxury**（豪華さ）

例 stay in a **luxurious** hotel
（豪華なホテルに滞在する）

☑ 1072

memorable

/ mémərəbəl /

形 **記憶に残る**

派 名 **memory**（記憶）

例 a **memorable** event for tourists in the village
（その村を訪れた旅行者にとって忘れられない出来事）

☑ 1073

minimal

/ mínɪməl /

形 **最少（量）の**

例 attain a **minimal** level of proficiency in French
（フランス語の最低限の熟達レベルに達する）

☑ 1074

naive

/ naɪíːv, nɑːíːv /

形 **だまされやすい**

例 a **naive** consumer（だまされやすい消費者）

☑ 1075

nationwide

/ nèɪʃənwáɪd /

形 **全国的な**

例 analyze the results of **nationwide** tests
（全国テストの結果を分析する）

まとめてCheck!	反意語をCheck!
inappropriate	⇔ **appropriate**（適切な）
incapable	⇔ **capable**（能力がある）
inconvenient	⇔ **convenient**（便利な）
incorrect	⇔ **correct**（正確な）

まとめてCheck!	類語をCheck!	「正気でない」
crazy	最も一般的な語	
insane	crazyよりも堅い語	
mad	この意味ではやや古風な語	
lunatic	完全に気が狂った, 精神異常の	

おさえておきたい重要単語

英検準1級形容詞・副詞など⑨

☑ 1076
newborn

/ njúːbɔːˣn /

形 生まれたばかりの

例 buy a present for a **newborn** baby
（生まれたばかりの赤ちゃんへのプレゼントを買う）

☑ 1077
notorious

/ noutɔ́ːriəs /

形 悪名高い

例 be **notorious** for hot, sultry days of summer
（蒸し暑い夏の日々で悪評高い）

☑ 1078
obedient

/ oubíːdiənt, əb- /

形 従順な

派 動 **obey**（に従う）
例 be **obedient** to one's parents
（両親の言うことをよく聞く）

☑ 1079
partially

/ páːˣʃəli /

副 部分的に

派 形 **partial**（一部分の）
例 be **partially** blind（目が完全には見えない）

☑ 1080
possessive

/ pəzésɪv /

形 所有の, 独占欲の強い

派 動 **possess**（を所有する）
例 be **possessive** of a PC
（パソコンを自分だけで使おうとする）

☑ 1081
preferable

/ préfərəbəl /

形 好ましい

派 動 **prefer**（の方が好きである）
例 be **preferable** to a car（車よりも好ましい）

☑ 1082
prevalent

/ prévələnt /

形 普及している

派 動 **prevail**（普及している）
例 a tradition still **prevalent** in that country
（その国で今でも広く行われている慣習）

☑ 1083
profound

/ prəfáund /

形 重大な

派 副 **profoundly**（大いに）
例 bring **profound** changes to Japanese
society（日本社会に重大な変化をもたらす）

START

25% · · · 50% · · · 75% · · · 100%

1900語

単語編

RANK
B

形容詞・副詞 など

☐ 1084

relaxing

/ rɪlǽksɪŋ /

形 くつろがせる

派 動 **relax**（をくつろがせる）

例 have a **relaxing** effect on the body and mind（心身をくつろがせる効果がある）

☐ 1085

respectful

/ rɪspéktfəl /

形 敬意を表する, 丁重な

派 動 **respect**（を尊敬する）

例 require **respectful** handling
（丁寧に取り扱うことを求める）

☐ 1086

secondhand

/ sékəndhǽnd /

形 中古品を扱う

例 shop at a **secondhand** shop
（中古店で買い物をする）

☐ 1087

selective

/ səléktɪv /

形 選抜の厳しい

派 動 **select**（を選ぶ）

例 go to a **selective** school
（難関校に通っている）

☐ 1088

shameful

/ ʃéɪmfəl /

形 恥ずべき

派 名 **shame**（恥ずかしさ）

例 be considered **shameful**
（恥ずべきことと見なされる）

☐ 1089

straightforward

/ strèɪtfɔ́ːᵊwəᵊd /

形 率直な

例 receive a **straightforward** answer
（率直な回答を受け取る）

☐ 1090

subtle

/ sʌ́tl /　　　　●発音

形 微妙な

例 compare **subtle** differences between colors
（色彩の微妙な違いを比較する）

まとめてCheck!	派生語をPlus!	relaxing
relaxation	名	（気晴らし, 娯楽）
relaxed	形	（気楽な, リラックスした）
relaxer	名	（くつろがせるもの[人]）

まとめてCheck!	意味をPlus!	subtle
形	難解な, 謎めいた：a **subtle** message（謎めいたメッセージ）	
形	（におい・味などが）かすかな, ほのかな：a **subtle** taste（ほのかな味）	
形	巧妙な, 手の込んだ：make a **subtle** approach to the bank（銀行に巧妙に働き掛ける）	
形	鋭敏な, 敏感な：have a **subtle** mind（繊細な心を持つ）	

おさえておきたい重要単語

英検準1級形容詞・副詞など⑩

☑ 1091
successive
/ səksésɪv /

形 連続する
派 名 **succession**（連続）
例 **successive** heat waves（継続的な猛暑）

☑ 1092
superficial
/ sùːpəˈfíʃəl /

形 表面的な
例 on a **superficial** level（表面的レベルで）

☑ 1093
tasteless
/ téɪstləs /

形 面白味のない
派 名 **taste**（味）
例 a **tasteless** movie（面白みのない映画）

☑ 1094
tender
/ téndəʳ /

形 幼い
例 at a **tender** age（幼い頃に）

☑ 1095
troublesome
/ trʌ́bəlsəm /

形 厄介な
派 名 **trouble**（面倒）
例 **troublesome** immigration policies
（厄介な移民政策）

☑ 1096
trustworthy
/ trʌ́stwəˈˈði /

形 信頼できる
例 be certainly not **trustworthy**
（実に信頼できない）

☑ 1097
utter
/ ʌ́təʳ /

形 完全な
派 副 **utterly**（完全に）
例 an **utter** defeat（完敗）

☑ 1098
verbal
/ və́ːʳbəl /

形 口頭の, 言葉による
例 be able to give **verbal** descriptions of the picture
（その絵について言葉で説明することができる）

☑ 1099 **virtually**

/ vˊɚːʳtʃuəli /

副 **実質的には**

派 形 **virtual** (実質上の)

例 be **virtually** unknown in the district
（その地方ではほぼ知られていない）

☑ 1100 **wasteful**

/ wéɪstfəl /

形 **無駄の多い**

派 動 **waste** (を無駄に使う)

例 **wasteful** use of resources（資源の無駄遣い）

まとめてCheck!	反意語をCheck！
tasteless	⇔ tasteful（趣味の良い）
trustworthy	⇔ untrustworthy（信頼できない）
verbal	⇔ written（文書の）
wasteful	⇔ economical（経済的な, 無駄のない）

形容詞・副詞 など

171

RANK B の学習記録をつける

覚えたことを定着させるには，「くりかえし復習すること」がたいせつです。RANK B の学習を一通り終えたら，下の学習記録シートに日付を書きこみ，履歴を残しましょう。

1	2	3	4	5	6	7	8	9	10
/	/	/	/	/	/	/	/	/	/
11	12	13	14	15	16	17	18	19	20
/	/	/	/	/	/	/	/	/	/
21	22	23	24	25	26	27	28	29	30
/	/	/	/	/	/	/	/	/	/
31	32	33	34	35	36	37	38	39	40
/	/	/	/	/	/	/	/	/	/
41	42	43	44	45	46	47	48	49	50
/	/	/	/	/	/	/	/	/	/

MEMO

単語編

RANK

ここで差がつく重要単語

RANK C で掲載されているのは英検準1級を受検するにあたって，知っているか否かで差がつくような重要単語です。ここに掲載されている単語をマスターすれば，ハイスコアを狙えるたしかな語彙力が身についているはずです。

英検準1級動詞①

☑ 1101
affiliate
/ əfílieit /

動 を提携させる
派 名 **affiliation** (提携)
例 be **affiliated** with a university
（大学と提携している）

☑ 1102
affirm
/ əfə́ːrm /

動 と断言する
派 名 **affirmation** (断言)
例 **affirm** that the country will agree to the ceasefire
（その国が停戦に合意すると明言する）

☑ 1103
afflict
/ əflíkt /

動 を苦しめる
派 名 **affliction** (苦痛)
例 be **afflicted** with Alzheimer's disease
（アルツハイマー病で苦しむ）

☑ 1104
aggravate
/ ǽɡrəveit /

動 を悪化させる
派 名 **aggravation** (悪化)
例 **aggravate** a situation （状況を悪化させる）

☑ 1105
agonize
/ ǽɡənaiz /

動 苦悶（くもん）する
派 形 **agonizing** (苦痛を与える)
例 **agonize** over whether or not to divorce
（離婚するかどうかで苦悩する）

☑ 1106
alienate
/ éiliəneit /

動 を遠ざける
派 形 **alien** (外国の)
例 **alienate** one's friends （友人を遠ざける）

☑ 1107
alleviate
/ əlíːvieit /

動 を緩和する
派 名 **alleviation** (緩和)
例 **alleviate** the symptoms of a disease
（病気の症状を緩和する）

☑ 1108
ally
/ ǽlai, əlái /

動 を同盟させる
派 名 **alliance** (同盟)
例 **ally** oneself with the U.S.（米国と同盟を結ぶ）

☑ 1109	**alternate** / ɔ́:ltəˈneɪt /	動 交替する
		派 形 **alternative** (代わりの)
		例 **alternate** between physical and mental activity (身体的な活動と精神的な活動を交互に繰り返す)

☑ 1110	**amend** / əménd /	動 を修正する
		派 名 **amendment** (改正)
		例 **amend** office regulations (就業規則を改正する)

☑ 1111	**amplify** / ǽmplɪfaɪ /	動 を増幅する
		派 名 **amplification** (増幅)
		例 **amplify** music at a concert (コンサートの音楽の音量を増幅する)

| ☑ 1112 | **ascertain** / æsəˈtéɪn / ●発音 | 動 を確かめる |
| | | 例 **ascertain** the cause of death (死因を確かめる) |

☑ 1113	**automate** / ɔ́:təmeɪt /	動 を自動化する
		派 名 **automation** (自動化)
		例 **automate** phone service (電話サービスを自動化する)

| ☑ 1114 | **barter** / bɑ́:ˈtəˈ / | 動 物々交換する |
| | | 例 **barter** with villagers for food (村人と物々交換して食べ物を手に入れる) |

☑ 1115	**bewilder** / bɪwíldəˈ /	動 を当惑させる
		派 名 **bewilderment** (当惑)
		例 be **bewildered** by one's daughter's action (娘の行動に当惑する)

まとめてCheck!	派生語をPlus!	alienate
alienable	形 (譲渡できる)	
alienated	形 (疎外された)	
alienation	名 (疎外;離反)	

まとめてCheck!	類語をCheck!	「当惑させる」
confuse	複数の選択肢があって当惑させる	
bewilder	早急な対応を迫って当惑させる	
perplex	難問や難事などが当惑させる	
puzzle	理解が困難で当惑させる	

ここで差がつく重要単語

英検準1級動詞②

☑ 1116
brew
/ bru: /

動 を醸造する
派 名 **brewery** ((ビールの)醸造所)
例 **brew** beer (ビールを醸造する)

☑ 1117
browse
/ braʊz /　●発音

動 を閲覧する
派 名 **browser** (インターネット閲覧ソフト)
例 **browse** medical support websites
(いくつかの医療支援ウェブサイトを閲覧する)

☑ 1118
cater
/ kéɪtəʳ /

動 便宜を図る
派 名 **catering** (仕出し業)
例 **cater** to foreign tourists
(外国人観光客の便宜を図る)

☑ 1119
censor
/ sénsəʳ /

動 を検閲する
派 名 **censorship** (検閲(制度))
例 **censor** books and magazines
(本や雑誌を検閲する)

☑ 1120
centralize
/ séntrəlaɪz /

動 を集中させる
例 **centralize** the company's marketing
activities in one department (その企業のマー
ケティング活動を1部門に集中させる)

☑ 1121
certify
/ sə́ːʳtɪfaɪ /

動 を認定する
派 名 **certificate** (証明書)
例 be **certified** by the government
(政府によって認定される)

☑ 1122
clutch
/ klʌtʃ /

動 をしっかりつかむ
例 **clutch** a person's hand tightly
(人の手にしっかりつかまる)

☑ 1123
collaborate
/ kəlǽbəreɪt /

動 共同で行う
派 名 **collaboration** (共同(作業))
例 **collaborate** with a university on a greening project
(緑化プロジェクトを大学と共同で行う)

START

25%　　　　　　50%　　　　　　75%　　　　　　100%

1900語

単語編

RANK C

動詞

名詞

形容詞・副詞ほか

☑ 1124

collide

/ kəláɪd /

動 衝突する
派 名 collision（衝突）
例 collide with a truck（トラックと衝突する）

☑ 1125

colonize

/ kά:lənaɪz ‖ kɔ́l- /

動 を植民地化する
派 名 colony（植民地）
例 be colonized by Europeans
（ヨーロッパ人によって植民地化される）

☑ 1126

commend

/ kəménd /

動 を賞賛する
派 名 commendation（賞賛）
例 be highly commended by the judges
（審査員から高い賞賛を得る）

☑ 1127

computerize

/ kəmpjú:tʃəraɪz /

動 をコンピューターで処理する
派 名 computer（コンピューター）
例 computerize a list of items in storage
（保管された品物のリストをコンピューターで処理する）

☑ 1128

concede

/ kənsí:d /

動 を認める
派 名 concession（譲歩）
例 concede that the Earth is in a warming stage
（地球が温暖期にあることを認める）

☑ 1129

confer

/ kənfə́:ʳ /

動 話し合う
派 名 conference（会議）
例 confer with an attorney on one's inheritance
（遺産相続について弁護士と相談する）

☑ 1130

conserve

/ kənsə́:ʳv /

動 を節約する
派 名 conservation（保全）
例 conserve energy（エネルギーを節約する）

まとめてCheck!	類語をCheck!	「つかむ」
seize	急にぐいとつかむ	
grasp	手でしっかりつかむ, 握る	
snatch	素早く乱暴にひったくる	
clutch	ぎゅっとしっかりつかむ	

まとめてCheck!	派生語をPlus!	conserve
conservative	形 （保守的な）	
conservator	名 （（美術品などの）保管者）	
conservatory	名 （温室）	
conserver	名 （保護者, 保存者）	

ここで差がつく重要単語

英検準1級動詞③

☑ 1131	**consolidate** / kənsάːlɪdeɪt ‖ -sɔ́l- /	**動 を強固にする** 派 名 **consolidation** (強化) 例 the brain's ability to **consolidate** memories （記憶を強固にする脳の能力）
☑ 1132	**converge** / kənvə́ːʳdʒ /	**動 集まる** 派 名 **convergence** (集合) 例 a lot of supporters that **converge** on a stadium （スタジアムに集まる多くのサポーター）
☑ 1133	**convict** / kənvíkt /	**動 に有罪を宣告する** 派 名 **conviction** (有罪判決) 例 be **convicted** of forgery （偽造罪で有罪判決を受ける）
☑ 1134	**counsel** / kάʊnsəl /	**動 にカウンセリングをする** 派 名 **counselor** (カウンセラー) 例 **counsel** troubled youth （問題を抱えた若者のカウンセリングをする）
☑ 1135	**cram** / kræm /	**動 詰め込み勉強をする** 例 **cram** for hours in a library （図書館で何時間も詰め込み勉強をする）
☑ 1136	**cramp** / kræmp /	**動 を阻害する** 例 **cramp** economic growth （経済成長を阻害する）
☑ 1137	**deem** / diːm /	**動 を考える, 思う** 例 **deem** fame to be important （名声を重要なものだと考える）
☑ 1138	**deflate** / diːfléɪt /	**動 (自信)を傷つける** 派 名 **deflation** (収縮) 例 be **deflated** by severe criticism （厳しい批判にくじける）

☑ 1139 **deflect**
/ dɪflékt /

動 をそらす
派 名 **deflection**（それること，片寄り）
例 **deflect** attention away from an inconvenient truth
（不都合な真実から関心をそらす）

☑ 1140 **degrade**
/ dɪgréɪd /

動 の品位を下げる
派 形 **degrading**（屈辱的な）
例 a low TV program that **degrades** women
（女性の品位を落とす低俗なテレビ番組）

☑ 1141 **delegate**
/ délɪgeɪt /

動 を委任する
派 名 **delegation**（委任）
例 **delegate** one's job to an assistant
（自分の仕事をアシスタントに任せる）

☑ 1142 **demote**
/ di:móʊt /

動 を降格する
例 **demote** an employee from senior to junior
（従業員を上級職から下級職に降格する）

☑ 1143 **deploy**
/ dɪplɔ́ɪ /

動 を配備する
派 名 **deployment**（配置）
例 **deploy** troops in the disputed area
（その紛争地域に軍隊を配備する）

☑ 1144 **detain**
/ dɪtéɪn /

動 を勾留する
例 be **detained** by the police for questioning
（取り調べのために警察に勾留される）

☑ 1145 **devour**
/ dɪváʊəʳ /　●発音

動 (本)をむさぼるように読む
例 **devour** books on zoology
（動物学の本をむさぼるように読む）

まとめてCheck!	反意語をCheck!
converge	⇔ **diverge**（分岐する）
deflate	⇔ **inflate**（(人)を得意にさせる）
demote	⇔ **promote**（を昇進させる）

まとめてCheck!　意味をPlus!　devour

動 をがつがつ食べる：**devour** one's lunch（昼食をがつがつ食べる）
動 を滅ぼす：The tsunami **devoured** the town.（津波がその町を滅ぼした。）
動 の心を奪う：be **devoured** by envy（ねたみに取りつかれる）

ここで差がつく重要単語

英検準1級動詞④

☑ 1146	**digest** / daɪdʒést, dɪ- /	動 を消化する 派 名 **digestion**（消化） 例 **digest** food slowly （食べ物をゆっくり消化する）
☑ 1147	**dilute** / daɪlúːt, dɪ- /	動 を薄める 派 名 **dilution**（薄めること） 例 **dilute** paint with water （絵の具を水で薄める）
☑ 1148	**disconnect** / dìskənékt /	動 を分離する 派 名 **disconnection**（断絶） 例 be **disconnected** from nature （自然から切り離されている）
☑ 1149	**discredit** / dɪskrédɪt /	動 を覆す 派 形 **discreditable**（信用を傷つける） 例 evidence that **discredits** a theory （学説を覆す証拠）
☑ 1150	**dismantle** / dɪsmǽn̩tl /	動 を分解する 例 **dismantle** a bicycle（自転車を分解する）
☑ 1151	**disobey** / dìsəbéɪ /	動 に服従しない 派 名 **disobedience**（反抗） 例 **disobey** one's parents（両親に従わない）
☑ 1152	**disorient** / dɪsɔ́ːrient /	動 に方向感覚を失わせる 例 be **disoriented** in the dark （暗闇の中で方向感覚を失う）
☑ 1153	**dispatch** / dɪspǽtʃ /	動 を派遣する 例 **dispatch** scientists to gather data （データを集めるために科学者を派遣する）

☑ 1154 **dispense**

/ dɪspéns /

動 を供給する

例 a vending machine that **dispenses** tea
（お茶が買える自動販売機）

dispense with ~「～なしで済ませる」

☑ 1155 **disprove**

/ dɪsprúːv /

動 に反証を挙げる

例 **disprove** a theory
（学説に対して反証を挙げる）

☑ 1156 **dodge**

/ dɑːdʒ ‖ dɔdʒ /

動 をかわす

例 **dodge** a crucial question skillfully
（厳しい質問を巧みにかわす）

☑ 1157 **domesticate**

/ dəméstɪkeɪt /

動 を飼い馴らす

派 名 **domestication**（飼育）
例 **domesticate** wild horses
（野生の馬を飼い馴らす）

☑ 1158 **doom**

/ duːm /

動 を運命付ける

派 形 **doomy**（不吉な）
例 be **doomed** to fail
（失敗するよう運命付けられている）

☑ 1159 **duplicate**

/ djúːplɪkeɪt /

動 の複製を作る

派 名 **duplication**（複製）
例 **duplicate** a key（合鍵を作る）

☑ 1160 **dwell**

/ dwel /

動 住む

派 名 **dweller**（居住者）
例 **dwell** in a city（都会に住む）

まとめてCheck!	意味をPlus！	dispense

動 を分配する：**dispense** coffee to guests（客にコーヒーを配る）
動 を施行する：**dispense** justice（法を施行する）
動 (薬)を調合する：**dispense** a prescription（処方薬を調合販売する）

まとめてCheck!	類語をCheck！	「住む」

live 「住む」を表す一般的な語
dwell liveよりも堅い語
inhabit 特に集団が住んでいる、動物が生息している

ここで差がつく重要単語

英検準1級動詞⑤

☑ 1161 **eject**

/ ɪdʒékt /

動 を追い出す
派 名 **ejection**（放出）
例 **eject** demonstrators from a park
（デモ隊を公園から立ち退かせる）

☑ 1162 **elevate**

/ éləveɪt /

動 を昇進させる
派 名 **elevation**（昇進）
例 be **elevated** to general manager
（部長に昇進する）

☑ 1163 **emit**

/ ɪmít /

動 を出す
派 名 **emission**（放出）
例 **emit** a large amount of CO_2
（大量の二酸化炭素を排出する）

☑ 1164 **emulate**

/ émjəleɪt /

動 を見習う, と競う
派 名 **emulation**（競争）
例 **emulate** a person's success
（人の成功を見習う）

☑ 1165 **endorse**

/ ɪndɔ́ːʳs /

動 を支持する
派 名 **endorsement**（支持）
例 strongly **endorse** a reform bill
（改革案を強く支持する）

☑ 1166 **enlist**

/ ɪnlíst /

動 (協力)を求める
例 **enlist** the help of local companies
（地元企業の支援を求める）

☑ 1167 **ensue**

/ ɪnsjúː /

動 続いて起こる
派 形 **ensuing**（次の）
例 problems that **ensue** from a large earthquake
（大地震に続いて起こる問題）

☑ 1168 **entrust**

/ ɪntrÁst /

動 に(仕事を)任せる
例 be **entrusted** with a difficult task
（難しい仕事を任される）

START

1900語

25%　　50%　　75%　　100%

単語編

RANK
C

動詞

名詞

形容詞・副詞

☑ 1169
envelop

/ invéləp /　🎤アク

動 を包む
派 名 **envelope**（封筒）
例 be **enveloped** in mist（霧に包まれる）

☑ 1170
envision

/ invíʒən /

動 を想像する
派 名 **vision**（未来図）
例 **envision** a world without poverty
（貧困のない世界を想像する）

☑ 1171
erect

/ irékt /

動 を建てる
派 名 **erection**（建設）
例 **erect** a statue in a park（公園に像を建てる）

☑ 1172
erode

/ iróud /

動 を侵食する
派 名 **erosion**（侵食）
例 **erode** a beach gradually
（海岸を徐々に侵食する）

☑ 1173
escalate

/ éskəleit /

動 拡大する
派 名 **escalation**（拡大）
例 **escalate** into war（戦争にエスカレートする）

☑ 1174
escort

/ iskɔ́ːt /

動 を護衛する
例 be **escorted** by soldiers
（兵士によって護衛される）

☑ 1175
evacuate

/ ivǽkjueit /

動 を避難させる
派 名 **evacuation**（避難）
例 **evacuate** residents to a safe place
（住民を安全な場所に避難させる）

まとめてCheck!	語源をCheck！　ject（投げる）
eject	e(外へ)+ject(投げる)→（を追い出す）
inject	in(中に)+ject(投げる)→（を注射する）
interject	inter(間に)+ject(投げる)→（(言葉)を差し挟む）
project	pro(前に)+ject(投げる)→（を計画する, を投影する）

まとめてCheck!	派生語をPlus！　enlist
enlistee	名（入隊者, 志願兵）
enlister	名（協力者, 参加者）
enlistment	名（入隊）

183

ここで差がつく重要単語

英検準1級動詞⑥

☑ 1176 **evaporate**

/ ɪvǽpəreɪt /

動 蒸発する
派 名 **evaporation**（蒸発）
例 **evaporate** into the air（空気中に蒸発する）

☑ 1177 **exalt**

/ ɪgzɔ́ːlt /

動 を昇進させる
派 名 **exaltation**（昇進）
例 be **exalted** to a high position in the company
（会社の高い地位に昇進する）

☑ 1178 **expel**

/ ɪkspél /

動 を除名する
例 **expel** a student from school
（生徒を退学させる）

☑ 1179 **expend**

/ ɪkspénd /

動 を費やす
派 名 **expense**（費用）
例 **expend** a lot of time and energy
（多くの時間とエネルギーを費やす）

☑ 1180 **expire**

/ ɪkspáɪəʳ /

動 終了する
派 名 **expiry**（終了）
例 a membership that **expires** in a year
（1年で期限が切れる会員の資格）

☑ 1181 **fabricate**

/ fæbrɪkeɪt /

動 を捏造（ねつぞう）する
派 名 **fabrication**（作り話）
例 **fabricate** evidence（証拠を捏造する）

☑ 1182 **falsify**

/ fɔ́ːlsɪfaɪ /

動 を改ざんする
派 形 **false**（間違った）
例 **falsify** consumer data
（顧客データを改ざんする）

☑ 1183 **familiarize**

/ fəmíljəraɪz ‖ -liə- /

動 を慣れさせる
派 形 **familiar**（精通している）
例 **familiarize** students with the uses of PCs
（生徒をパソコンの使い方に慣れさせる）

☑ 1184 **foil**
/ fɔɪl /

動 を失敗させる
例 **foil** a gold-smuggling plan
（金の密輸計画を阻止する）

☑ 1185 **formalize**
/ fɔ́ːrməlaɪz /

動 を正式なものとする
派 形 **formal**（正式の）
例 **formalize** the rules of a sport
（スポーツのルールを正式にする）

☑ 1186 **gauge**
/ geɪdʒ /　　● 発音

動 を計る
例 **gauge** the extent of damage
（損害の程度を見積もる）

☑ 1187 **grieve**
/ griːv /

動 深く悲しむ
派 名 **grief**（深い悲しみ）
例 **grieve** over one's dead lover
（恋人の死を嘆き悲しむ）

☑ 1188 **growl**
/ graʊl /

動 （犬などが）うなる
例 **growl** at a person（人に向かってうなる）

☑ 1189 **grumble**
/ grʌ́mbəl /

動 不平を言う
派 名 **grumbler**（不平を言う人）
例 **grumble** about one's work
（仕事のことで愚痴をこぼす）

☑ 1190 **hail**
/ heɪl /

動 を認める, 評価する
例 be **hailed** as a success
（成功であると認められる）

まとめてCheck!	関連語をCheck!	evaporate（蒸発する）	
vaporize	（気化する）	freeze	（氷結する）
liquefy	（液化する）	condense	（凝結する）
coagulate	（凝固する）		

まとめてCheck!	意味をPlus!	gauge
動 を推測する：**gauge** a person's feelings（人の気持ちを推し量る）		
名 計器：a wind **gauge**（風力計）		
名 基準, 尺度：an economic **gauge**（経済指標）		

ここで差がつく重要単語

英検準1級動詞⑦

☑ 1191 **harass**

/ hərǽs, hǽrəs /

動 を困らせる

派 名 **harassment**（悩ますこと）
例 be sexually **harassed** at work
（職場でセクハラを受ける）

☑ 1192 **heed**

/ híːd /

動 に注意を払う

派 形 **heedful**（注意深い）
例 **heed** a person's warnings
（人の警告に注意を払う）

☑ 1193 **heighten**

/ háɪtn /　　●発音

動 を高める

派 名 **height**（高さ）
例 **heighten** the production of goods
（商品の生産を高める）

☑ 1194 **highlight**

/ háɪlaɪt /

動 を強調する

例 **highlight** the intellectual capacity of dogs
（犬の知的能力を強調する）

☑ 1195 **hypnotize**

/ hípnətaɪz /

動 に催眠術をかける

派 名 **hypnosis**（催眠状態）
例 **hypnotize** a person to open his/her heart
（人に催眠術をかけて心を開かせる）

☑ 1196 **incriminate**

/ ɪnkrímɪneɪt /

動 に罪を負わせる

派 形 **incriminating**（罪を証明する）
例 avoid **incriminating** oneself
（罪をかぶるのを避ける）

☑ 1197 **inflate**

/ ɪnfléɪt /

動 を膨張させる

派 名 **inflation**（インフレ）
例 **inflate** urban land prices
（都市の地価をつり上げる）

☑ 1198 **inflict**

/ ɪnflíkt /

動 （打撃・損害など）を与える

派 名 **infliction**（与えること）
例 **inflict** brain damage on a boxer
（ボクサーの脳にダメージを与える）

☑ 1199

insulate

/ ínsəleɪt ‖ -sju- /

動 を断熱[防音]する

派 名 **insulation**（絶縁体）

例 **insulate** a pipe against the cold
（防寒用にパイプを断熱材で覆う）

☑ 1200

insure

/ ɪnʃʊəʳ /

動 に保険をかける

派 名 **insurance**（保険）

例 **insure** a house against fire
（家に火災保険をかける）

☑ 1201

interrogate

/ ɪntérəɡeɪt /

動 を尋問する

派 名 **interrogation**（尋問）

例 **interrogate** a suspect（容疑者を尋問する）

☑ 1202

intersect

/ ɪntəʳsékt /

動 交わる, 交差する

派 名 **intersection**（交差点）

例 **intersect** with a national highway at a city
（市で国道と交わる）

☑ 1203

intimidate

/ ɪntímɪdeɪt /

動 を脅す

派 名 **intimidation**（脅し）

例 **intimidate** a person into paying money
（人を脅してお金を払わせる）

☑ 1204

leak

/ liːk /

動 を漏らす

派 形 **leaky**（漏れやすい）

例 **leak** information to the press
（情報を報道機関に漏らす）

☑ 1205

lease

/ liːs /

動 を賃貸する

例 **lease** a copy machine to a company
（コピー機を会社にリースする）

まとめてCheck! 意味をPlus!　**leak**

動 (水・ガスなどが)漏れる：Water is **leaking** from the pipe.（パイプから水が漏れている。）

名 漏れ口, 漏れ：stop a **leak**（漏れ口をふさぐ）

名 (情報などの)漏えい：become evident from the **leaks**（秘密の漏えいから明らかになる）

まとめてCheck! 類語をCheck!　「賃貸する」

rent	部屋・建物・土地などを賃貸する
let	rentと同意語で, イギリス英語で用いられる
lease	家屋などを賃貸する, 機械などをリースする

ここで差がつく重要単語

英検準1級動詞⑧

☑ 1206
litter
/ líṭəʳ /

動 を汚す
例 **litter** ocean floors worldwide
（世界中の海底を汚す）

☑ 1207
loathe
/ louð /　　●発音

動 をひどく嫌う
派 形 **loath**（嫌っている）
例 **loathe** smoking in public spaces
（公共の場での喫煙をひどく嫌う）

☑ 1208
loosen
/ lúːsən /　　●発音

動 を緩める
派 形 **loose**（緩んだ）
例 **loosen** one's grip（つかんだ手を緩める）

☑ 1209
lounge
/ laʊndʒ /

動 くつろぐ
例 **lounge** around on a sofa
（ソファの上でくつろぐ）

☑ 1210
lump
/ lʌmp /

動 を一緒くたにする
例 **lump** boys and girls together into one group
（男子女子を一緒くたにして1つのグループにする）

☑ 1211
materialize
/ mətíəriəlaɪz /

動 現実に起こる
派 名 **materialization**（実現）
例 a plan that failed to **materialize**
（実現しなかった計画）

☑ 1212
maximize
/ mǽksɪmaɪz /

動 を最大化する
派 名 **maximization**（最大化）
例 **maximize** the production of food
（食料生産量を最大化する）

☑ 1213
mediate
/ míːdieɪt /

動 を左右する
派 名 **mediation**（調停）
例 be **mediated** by one's environment
（環境によって左右される）

☑ 1214 **merge** / məːʳdʒ /

動 合併する
派 名 **merger** (合併)
例 **merge** with an IT company
(IT企業と合併する)

☑ 1215 **migrate** / máɪɡreɪt ‖ —́— /

動 移住する
派 名 **migration** (移住)
例 **migrate** to Europe (ヨーロッパに移住する)

☑ 1216 **mimic** / mímɪk /

動 をまねる
派 名 **mimicry** (模倣)
例 **mimic** the teacher's way of speaking
(その先生の話し方をまねる)

☑ 1217 **mingle** / míŋɡəl /

動 付き合う, 交流する
例 **mingle** with English speakers
(英語を話す人々と交わる)

☑ 1218 **misbehave** / mìsbɪhéɪv /

動 不作法に振る舞う
派 名 **misbehavior** (不作法)
例 **misbehave** in class (授業中に行儀悪くする)

☑ 1219 **misplace** / mìspléɪs /

動 を置き忘れる
派 名 **misplacement** (置き忘れ)
例 **misplace** one's pass in a room
(通行証を部屋に置き忘れる)

☑ 1220 **mobilize** / móʊbəlaɪz /

動 を結集する
派 名 **mobilization** (動員)
例 **mobilize** support for a party
(政党への支持を集める)

まとめてCheck! 反意語をCheck!	
litter	⇔ **clean** (をきれいにする)
loosen	⇔ **tighten** (を締める)
maximize	⇔ **minimize** (を最小限にする)

まとめてCheck! 類語をCheck! 「まねる」	
imitate	手本に似せるようにする
copy	模倣する, コピーする
mimic	人のしぐさなどをものまねする

ここで差がつく重要単語

英検準1級動詞⑨

☑ 1221	**mold** / moʊld /	動 を作り上げる 例 **mold** freshmen into a strong team （新入生を鍛えて強いチームを作る）
☑ 1222	**monopolize** / mənάːpəlaɪz ‖ -nɔ́p- /	動 を独占する 派 名 **monopoly**（独占(権)） 例 **monopolize** the global trade in rubber （ゴムの国際取引を独占する）
☑ 1223	**mow** / moʊ /	動 を刈る 派 名 **mower**（芝刈り機） 例 **mow** the lawn every week（毎週芝を刈る）
☑ 1224	**negate** / nɪgéɪt /	動 を無効にする 派 名 **negation**（否定） 例 **negate** safety measures （安全対策を無効にする）
☑ 1225	**nominate** / nάːmɪneɪt ‖ nɔ́m- /	動 を指名する 派 名 **nomination**（指名） 例 be **nominated** for an Academy Award （アカデミー賞にノミネートされる）
☑ 1226	**notify** / nóʊṭəfaɪ /	動 に通知する 派 名 **notice**（通知） 例 **notify** a person of an incoming call （人に電話の着信を知らせる）
☑ 1227	**obscure** / əbskjúəʳ /	動 を不明瞭にする 派 名 **obscurity**（不明瞭） 例 **obscure** the fact that his disease is getting worse （彼の病気が進行しているという事実を不明瞭にする）
☑ 1228	**obstruct** / əbstrʌ́kt /	動 をふさぐ 派 名 **obstruction**（障害物） 例 a rock that **obstructs** a path （道をふさいでいる岩）

| ☑ 1229 | **orient**
 / ɔ́ːrient / | 動 の関心を向ける
 派 名 **orientation**（志向性）
 例 be **oriented** toward the needs of foreign visitors
 （外国人訪問客のニーズに関心が向く） |

| ☑ 1230 | **outnumber**
 / àʊtnʌ́mbəʳ / | 動 より数が多い
 例 **outnumber** enemy forces
 （敵軍よりも数で勝る） |

| ☑ 1231 | **outsource**
 / áʊtsɔːʳs / | 動 を外部調達する
 派 名 **outsourcing**（外部調達）
 例 **outsource** a portion of production
 （製造の一部をアウトソーシングする） |

| ☑ 1232 | **overestimate**
 / òʊvəréstɪmeɪt / | 動 を過大評価する
 例 **overestimate** the ability of a computer
 （コンピューターの能力を過大評価する） |

| ☑ 1233 | **overfish**
 / òʊvəʳfíʃ / | 動 （魚）を乱獲する
 派 名 **overfishing**（乱獲）
 例 **overfish** eels（ウナギを乱獲する） |

| ☑ 1234 | **overhear**
 / òʊvəʳhíəʳ / | 動 をたまたま耳にする
 例 **overhear** a conversation between a parent and a child
 （親子の会話をたまたま耳にする） |

| ☑ 1235 | **oversee**
 / òʊvəʳsíː / | 動 を監視する
 派 名 **overseer**（監督者）
 例 **oversee** the operation of a machine
 （機械の作動を監視する） |

まとめてCheck!	類語をCheck！	「通知する」
inform	情報を伝える	
notify	informよりも堅い語	
let ～ know	「知らせる」の意味のくだけた語	

まとめてCheck!	語源をCheck！	struct「築き上げる」
construct	con（共に）＋struct（築き上げる）→（を建設する）	
destruction	de（反対に）＋struct（築き上げる）＋ion（こと）→（破壊）	
instruct	in（中に）＋struct（築き上げる）→（を教える）	
obstruct	ob（反対に）＋struct（築き上げる）→（をふさぐ）	

ここで差がつく重要単語

英検準1級動詞⑩

☑ 1236	**overstate** / òʊvəˈstéɪt /	動 を大げさに言う 派 名 **overstatement**（誇張） 例 **overstate** one's musical talent （自分の音楽的な才能を大げさに言う）
☑ 1237	**overthrow** / òʊvəˈθróʊ /	動 を転覆させる 例 an attempt to **overthrow** the government （政府転覆の企て）
☑ 1238	**penetrate** / pénətreɪt /	動 入り込む 派 名 **penetration**（貫通） 例 **penetrate** deep into a forest （森の奥深くに入り込む）
☑ 1239	**perch** / pəːʳtʃ /	動 （鳥が）止まる 派 形 **perched**（高い所に位置して） 例 **perch** on a branch（枝に止まる）
☑ 1240	**persevere** / pàːʳsəvíəʳ /	動 頑張り通す 派 名 **perseverance**（忍耐） 例 **persevere** with hard training （厳しいトレーニングを頑張り通す）
☑ 1241	**perspire** / pəʳspáɪəʳ /	動 発汗する 派 名 **perspiration**（汗） 例 **perspire** from the heat（暑さで発汗する）
☑ 1242	**phase** / feɪz /	動 を段階的に実行する 例 be **phased** over a ten-year period （10年の期間で段階的に実行される）
☑ 1243	**pierce** / pɪəʳs /	動 を突き通す 派 形 **piercing**（突き刺すような） 例 be **pierced** by an arrow（矢で貫かれる）

☑ 1244
poach
/ poʊtʃ /

動 を密猟する
派 名 **poacher**（密猟者）
例 **poach** elephants for their tusks
（牙を目的に象を密猟する）

☑ 1245
populate
/ pá:pjəleɪt ‖ pɔ́pju- /

動 に住む
派 名 **population**（人口）
例 **populate** Canada's western plain
（カナダ西部の平原に住む）

☑ 1246
prioritize
/ praɪɔ́:rɪtaɪz ‖ -ɔ́r- /

動 を優先させる
派 名 **priority**（優先事項）
例 **prioritize** family ties above all else
（家族のきずなを他の何よりも優先させる）

☑ 1247
profess
/ prəfés /

動 を主張する
派 名 **profession**（表明）
例 **profess** one's innocence（無実を主張する）

☑ 1248
prosecute
/ prá:sɪkju:t ‖ prɔ́s- /

動 を起訴する
派 名 **prosecution**（起訴）
例 be **prosecuted** for swindling
（詐欺罪で起訴される）

☑ 1249
raid
/ reɪd /

動 （警察が）を手入れする
例 **raid** a suspect's house
（容疑者の家を手入れする）

☑ 1250
reconcile
/ rékənsaɪl /   🎤アク

動 和解する
派 名 **reconciliation**（和解）
例 **reconcile** with customers（顧客と和解する）

☑ 1251
recreate
/ rì:kriéɪt /

動 を再現する
派 名 **recreation**（再現）
例 **recreate** a liquor store built in the Edo period
（江戸時代に建てられた酒屋を再現する）

まとめてCheck! 意味をPlus! **raid**

動 を襲う, 強奪する：**raid** a private house（民家を襲う）
名 襲撃, 急襲：an air **raid**（空爆）
名 （警察の）手入れ：a police **raid** on a hideout（隠れ家への警察の手入れ）

ここで差がつく重要単語

英検準1級動詞⑪

☑ 1252

redeem

/ rɪdíːm /

動 を補う
例 **redeem** a weak point（欠点を補う）

☑ 1253

redirect

/ riːdərékt, -daɪ- /

動 を向け直す
例 **redirect** attention to a subject
（注意を主題に向け直す）

☑ 1254

redo

/ riːdúː /

動 をやり直す
例 have to **redo** work
（仕事をやり直さなければならない）

☑ 1255

rehabilitate

/ riːəbílɪteɪt, riːhə- /

動 を社会復帰させる
派 名 **rehabilitation**（リハビリテーション）
例 **rehabilitate** alcoholics
（アルコール依存症患者のリハビリをする）

☑ 1256

reintroduce

/ riːɪntrədjúːs /

動 (動植物)をもとの生息地に戻す
派 名 **reintroduction**（再導入）
例 **reintroduce** camels to the area
（ラクダをその地域に再移入させる）

☑ 1257

rejoice

/ rɪdʒɔ́ɪs /

動 喜ぶ
派 名 **rejoicing**（喜び）
例 **rejoice** at good news（よい知らせに喜ぶ）

☑ 1258

relocate

/ riːlóʊkeɪt ‖ -́-́ /

動 を移転させる
派 名 **relocation**（移転）
例 **relocate** residents to safe areas
（住民を安全な地域に移転させる）

☑ 1259

remodel

/ riːmάːdl ‖ -mɔ́dl /

動 を改築する
派 名 **remodeler**（改築業者）
例 **remodel** a kitchen（台所を改造する）

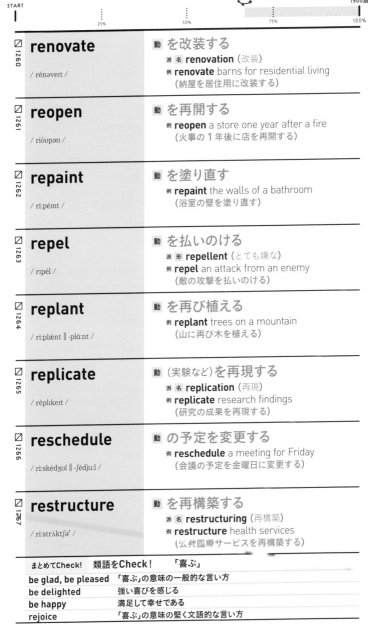

☑ 1260 **renovate**

/ rénəveɪt /

動 を改装する
派 名 **renovation** (改装)
例 **renovate** barns for residential living
(納屋を居住用に改装する)

☑ 1261 **reopen**

/ rióʊpən /

動 を再開する
例 **reopen** a store one year after a fire
(火事の1年後に店を再開する)

☑ 1262 **repaint**

/ riːpéɪnt /

動 を塗り直す
例 **repaint** the walls of a bathroom
(浴室の壁を塗り直す)

☑ 1263 **repel**

/ rɪpél /

動 を払いのける
派 形 **repellent** (とても嫌な)
例 **repel** an attack from an enemy
(敵の攻撃を払いのける)

☑ 1264 **replant**

/ riːplént ‖ -plάːnt /

動 を再び植える
例 **replant** trees on a mountain
(山に再び木を植える)

☑ 1265 **replicate**

/ réplɪkeɪt /

動 (実験など) を再現する
派 名 **replication** (再現)
例 **replicate** research findings
(研究の成果を再現する)

☑ 1266 **reschedule**

/ riːskédʒʊl ‖ -ʃédjuːl /

動 の予定を変更する
例 **reschedule** a meeting for Friday
(会議の予定を金曜日に変更する)

☑ 1267 **restructure**

/ riːstrʌ́ktʃəʳ /

動 を再構築する
派 名 **restructuring** (再構築)
例 **restructure** health services
(公共医療サービスを再構築する)

まとめてCheck! 類語をCheck!	「喜ぶ」
be glad, be pleased	「喜ぶ」の意味の一般的な言い方
be delighted	強い喜びを感じる
be happy	満足して幸せである
rejoice	「喜ぶ」の意味の堅く文語的な言い方

ここで差がつく重要単語

英検準1級動詞⑫

☑ 1268 **retake**

/ rìːtéɪk /

動 を再び受ける

例 **retake** a chemistry test
（化学の試験を再び受ける）

☑ 1269 **rethink**

/ rìːθíŋk /

動 を再検討する

例 **rethink** ad budgets for radio
（ラジオの広告予算を再検討する）

☑ 1270 **ripen**

/ ráɪpən /

動 熟する

派 形 **ripe**（熟した）
例 **ripen** earlier than usual（例年より早く熟す）

☑ 1271 **rotate**

/ róʊteɪt ‖ −́− /

動 を輪作する

派 名 **rotation**（輪作）
例 **rotate** crops for higher yields
（より多い収穫を目指して作物を輪作する）

☑ 1272 **rouse**

/ raʊz /

動 を目覚めさせる

例 be **roused** by the siren of an ambulance
（救急車のサイレンの音で目が覚める）

☑ 1273 **scorn**

/ skɔːrn /

動 を軽蔑する

派 形 **scornful**（軽蔑した）
例 **scorn** a person's idea as old-fashioned
（人の考えを古臭いと軽蔑する）

☑ 1274 **scramble**

/ skrǽmbəl /

動 殺到する

例 **scramble** to get bargains at a shop
（店で争って買い得品を手に入れようとする）
scramble to do「争って〜しようとする」

☑ 1275 **shove**

/ ʃʌv /

動 を押しのける

例 **shove** a person roughly aside
（人を乱暴にわきへ押しのける）

☑ 1276	**shrug**	動 (肩)をすくめる
	/ ʃrʌg /	例 **shrug** one's shoulders and say "I don't know" (肩をすくめて「知らない」と言う)

☑ 1277	**snatch**	動 をひったくる
	/ snætʃ /	派 名 **snatcher** (ひったくり) 例 **snatch** a knife from a person's hand (人の手からナイフをひったくる)

☑ 1278	**sneak**	動 こそこそ動く
	/ sni:k /	派 形 **sneaky** (卑劣な) 例 **sneak** out of a room (こっそり部屋から出て行く)

☑ 1279	**sniff**	動 をくんくんかぐ
	/ snɪf /	例 **sniff** out danger (危険をかぎつける)

☑ 1280	**sob**	動 泣きじゃくる
	/ sɑːb ‖ sɔb /	例 **sob** loudly with pain (痛みで大声で泣きじゃくる)

☑ 1281	**stab**	動 を刺す
	/ stæb /	派 形 **stabbing** (刺すような, ずきずきする) 例 **stab** a person to death with a knife (人をナイフで刺して殺す)

☑ 1282	**standardize**	動 を規格[標準]化する
	/ stændəˈdaɪz /	派 名 **standard** (基準) 例 **standardize** uniforms for nurses (看護師の制服を統一する)

☑ 1283	**straighten**	動 を整頓する
	/ streɪtn /	派 形 **straight** (きちんとした) 例 **straighten** things on a desk (机の上の物を整理する)

まとめてCheck!	類語をCheck!	「泣く」
cry	「泣く」の意味の一般的な言い方	
weep	涙を流してしくしく泣く	
sob	悲しみなどのあまりすすり泣く, しゃくり上げて泣く	
wail	悲しみや苦痛などでわんわん泣く, 泣き叫ぶ	

ここで差がつく重要単語

英検準1級動詞⑬

☑ 1284	**strand** / strænd /	動 を立ち往生させる 例 be **stranded** in a snowstorm （吹雪の中で立ち往生する）
☑ 1285	**stray** / streɪ /	動 迷い込む 例 **stray** into a dangerous area （危険区域に迷い込む）
☑ 1286	**stroll** / stroʊl /	動 ぶらつく 派 名 **stroller**（ぶらぶら歩く人） 例 **stroll** in a park（公園の中を散歩する）
☑ 1287	**submerge** / səbmə́ːʳdʒ /	動 を水浸しにする 派 名 **submergence**（冠水） 例 be **submerged** by floodwater （洪水で水浸しになる）
☑ 1288	**subscribe** / səbskráɪb /	動 定期購読する 派 名 **subscription**（定期購読） 例 **subscribe** to a magazine （雑誌を定期購読する）
☑ 1289	**subsidize** / sʌ́bsɪdaɪz /	動 に助成金を与える 派 名 **subsidy**（助成金） 例 be **subsidized** by the government （政府から助成金が与えられる）
☑ 1290	**summon** / sʌ́mən /	動 を呼び出す 例 be **summoned** to appear before a judge （裁判所への出頭を命じられる）
☑ 1291	**surpass** / səʳpǽs ‖ -páːs /	動 を超える 派 形 **surpassing**（並外れた） 例 **surpass** all expectations （全ての予想を超える）

☑ 1292	**sway** /sweɪ/	動 揺れる 例 be **swaying** in a breeze （そよ風の中で揺れている）

☑ 1293	**sweeten** /swíːtn/	動 を甘くする 派 形 **sweet**（甘い） 例 **sweeten** drinks by adding sugar （飲み物に砂糖を加えて甘くする）

☑ 1294	**symbolize** /símbəlaɪz/	動 を象徴する 派 名 **symbol**（象徴） 例 be **symbolized** by the Statue of Liberty （自由の女神像によって象徴されている）

☑ 1295	**synchronize** /síŋkrənaɪz/	動 に同時性を持たせる 派 名 **synchronism**（同時性） 例 **synchronize** production with the needs of consumers （商品を消費者のニーズと一致させる）

☑ 1296	**taint** /teɪnt/	動 を汚す 例 be **tainted** by gossip and scandal （ゴシップと醜聞によって汚点がつく）

☑ 1297	**tame** /teɪm/	動 を飼い馴らす 例 **tame** a wild elephant （野生の象を飼い馴らす）

☑ 1298	**tan** /tæn/	動 日焼けする 例 **tan** easily（日焼けしやすい）

☑ 1299	**telecommute** /téləkəmjùːt/	動 在宅勤務する 派 名 **telecommuting**（在宅勤務） 例 allow staff to **telecommute** （社員に在宅勤務を許す）

まとめてCheck! 意味をPlus! **sway**

動 を揺り動かす：**sway** one's body to music（音楽に合わせて体を揺り動かす）

動 （考えなどが）傾く：**sway** toward racism（人種差別主義に傾く）

名 揺れ；動揺：the **sway** of a ship（船の揺れ）

ここで差がつく重要単語

英検準1級動詞⑭

☑ 1300	**testify** / téstɪfaɪ /	動 を証明する 派 名 **test**（検査） 例 **testify** that color is a mixture of light and darkness （色が光と闇の混合物であることを証明する）
☑ 1301	**tickle** / tíkəl /	動 をくすぐる 例 **tickle** a person's feet with one's fingers （人の足を指でくすぐる）
☑ 1302	**tilt** / tɪlt /	動 を（有利な方に）傾ける 例 **tilt** the job market toward candidates with money （就職市場を金を持った志願者に有利にする）
☑ 1303	**torment** / tɔ́ːʳment /	動 をひどく苦しめる 派 名 **tormentor**（苦しめるもの） 例 be **tormented** by feelings of guilt （罪悪感に苦しむ）
☑ 1304	**transcribe** / trænskráɪb /	動 を書き写す 派 名 **transcript**（写し） 例 **transcribe** the witness's statement （目撃者の証言を文字に起こす）
☑ 1305	**transplant** / trænsplǽnt ‖ -plɑ́ːnt /	動 を移植する 派 名 **transplantation**（移植） 例 **transplant** animal organs into people （動物の臓器を人に移植する）
☑ 1306	**trespass** / tréspəs, -pæs /	動 不法侵入する 派 名 **trespassing**（不法侵入） 例 **trespass** on private land （私有地に不法侵入する）
☑ 1307	**tutor** / tjúːtəʳ /	動 に個人教授をする 派 形 **tutorial**（個人教授の） 例 **tutor** students who need to catch up （遅れを取り戻す必要のある生徒に個人教授をする）

☑ 1308
unearth
/ ʌnə́ːˈθ /

動 を発掘する
例 **unearth** pieces of Roman pottery
（古代ローマの陶器の破片を発掘する）

動詞

☑ 1309
unveil
/ ʌnvéil /

動 を明らかにする
派 名 **unveiling**（初公開）
例 **unveil** one's plans（自分の計画を公にする）

☑ 1310
vacate
/ véikeit ‖ vəkéit /

動 を立ち退く
派 名 **vacation**（立ち退き）
例 **vacate** one's room by noon
（昼までに部屋を明け渡す）

☑ 1311
vaccinate
/ vǽksineit /

動 に予防接種する
派 名 **vaccination**（予防接種）
例 **vaccinate** children against measles
（子供にははしかの予防接種をする）

☑ 1312
validate
/ vǽlideit /

動 が正しいことを証明する
派 名 **validation**（承認）
例 be **validated** by clinical trials
（臨床試験を通して正しいと証明される）

☑ 1313
waver
/ wéivəˈ /

動 心が揺れ動く
派 副 **waveringly**（ぐらついて）
例 **waver** in one's determination
（決心が揺らぐ）

☑ 1314
withstand
/ wiðstǽnd /

動 に耐える
例 **withstand** various natural disasters
（さまざまな自然災害に持ちこたえる）

☑ 1315
yearn
/ jəːˈn /

動 切望する
派 名 **yearning**（切望）
例 **yearn** for peace（平和を切望する）

まとめてCheck!	類語をCheck!	「耐える」
withstand	攻撃・困難などに耐え抜く, 持ちこたえる	
hold	重さに耐える	
bear	重さに耐える, 痛みをこらえる	
resist	熱・化学作用・病気などに耐える, 誘惑に負けない	

RANK C	ここで差がつく重要単語

英検準1級名詞①

☑ 1316

accreditation

/ əkrèdɪtéɪʃən /

名 認可
- 派 **動** accredit (を認可する)
- 例 **accreditation** standards for nursing schools（看護学校の認可基準）

☑ 1317

activist

/ æktɪvɪst /

名 活動家
- 派 **形** active (活発な)
- 例 an environmental **activist**（環境活動家）

☑ 1318

advocate

/ ædvəkət /

名 主唱者
- 派 **名** advocacy (擁護)
- 例 a public health **advocate**（公衆衛生の主唱者）

☑ 1319

allegation

/ æləgéɪʃən /

名 申し立て
- 派 **動** allege (を主張する)
- 例 withdraw one's **allegation**（申し立てを取り下げる）

☑ 1320

antiquity

/ æntíkwəṭi /

名 遺物
- 派 **形** antique (アンティークの)
- 例 the world's most valuable **antiquities**（世界で最も価値のある遺物）

☑ 1321

appliance

/ əpláɪəns /

名 器具
- 派 **動** apply (を適用する)
- 例 be equipped with new electronic **appliances**（新しい電子機器が備えられている）

☑ 1322

apprentice

/ əpréntɪs /

名 徒弟
- 派 **名** apprenticeship (徒弟の期間)
- 例 an **apprentice** of Leonardo da Vinci（レオナルド・ダ・ヴィンチの徒弟）

☑ 1323

archaeologist

/ àːˈkiɑːlədʒɪst ‖ -ɔ́l- /

名 考古学者
- 派 **名** archaeology (考古学)
- 例 be uncovered by **archaeologists**（考古学者によって発掘される）

名詞

☑ 1324	**array** / əréi /	名 整列

例 an **array** of questionable therapies
（怪しげな療法のオンパレード）

an array of ～ 「ずらりと並んだ～」

☑ 1325	**arrogance** / ǽrəgəns /	名 傲慢（ごうまん）

派 形 **arrogant**（傲慢な）
例 speak with a lot of **arrogance**
（ひどく傲慢な態度で話す）

☑ 1326	**assurance** / əfúərəns ‖ əfɔ́:rəns /	名 保証

派 動 **assure**（を保証する）
例 seek **assurance**（保証を得ようとする）

☑ 1327	**axis** / ǽksɪs /	名 軸

例 the vertical **axis** of a graph（グラフの縦軸）

☑ 1328	**bachelor** / bǽtʃələʳ /	名 学士

例 complete a **bachelor**'s degree
（学士号を修了する）

☑ 1329	**blaze** / bleɪz /	名 炎

派 形 **blazing**（燃え盛る）
例 fan a **blaze**（炎をあおる）

☑ 1330	**blockade** / blɑːkéɪd ‖ blɔk- /	名 封鎖

例 impose a naval **blockade**（海上封鎖を行う）

まとめてCheck!	関連語をCheck!	bachelor（学士）	
master	（修士）	undergraduate	（大学生）
doctor	（博士）	lecturer, instructor	（講師）
graduate	（大学院生）	professor	（教授）

まとめてCheck! 意味をPlus! blaze

名 輝き, 鮮やかな色：a **blaze** of color in a painting（絵画の色の鮮やかさ）

名 （感情の）爆発：a **blaze** of anger（怒りの爆発）

動 燃え上がる；輝く：The house was **blazing** for a few hours.
（その家は数時間にわたって燃え上がっていた。）

ここで差がつく重要単語

英検準1級名詞②

brochure
1331
/ brouʃʊ́ə | bróʊʃə /　●発音

名 パンフレット
例 send for a company **brochure**
（会社案内を取り寄せる）

bundle
1332
/ bʌ́ndl /

名 束
例 a **bundle** of letters（1束の手紙）

burial
1333
/ bériəl /

名 埋葬
派 動 **bury**（を埋葬する）
例 give a proper **burial**（適切な埋葬を施す）

bypass
1334
/ báɪpæs | -pɑːs /

名 バイパス
例 build a **bypass**（バイパスを建設する）

cancellation
1335
/ kænsəléɪʃən /

名 取り消し
派 動 **cancel**（を取り消す）
例 be charged a **cancellation** fee
（キャンセル料を請求される）

captivity
1336
/ kæptívəti /

名 捕らわれ
派 形 **captive**（捕らわれた）
例 be in **captivity**（捕らわれている）

caterpillar
1337
/ kǽtəˈpɪlə /

名 毛虫
例 leaves eaten by **caterpillars**
（毛虫に食われた葉）

chamber
1338
/ tʃéɪmbə /

名 部屋
派 名 **chamberlain**（侍従）
例 an ancient Egyptian burial **chamber**
（古代エジプトの埋葬室）

☑ 1339

chore

/ tʃɔːʳ /

名 雑事

例 do household **chores**（家事をする）

☑ 1340

commemoration

/ kəmèməréɪʃən /

名 記念祝典

派 動 **commemorate**（を記念する）

例 the **commemoration** of the war dead
（戦没者の記念式典）

☑ 1341

compartment

/ kəmpάːʳtmənt /

名 区画

派 動 **compartmentalize**（を区分する）

例 luggage in an overhead **compartment**
（(飛行機の)手荷物入れの中の荷物）

名
詞

☑ 1342

congestion

/ kəndʒéstʃən /

名 渋滞

派 形 **congested**（混雑している）

例 cause traffic **congestion**
（交通渋滞を引き起こす）

☑ 1343

contamination

/ kəntæmɪnéɪʃən /

名 汚染

派 動 **contaminate**（を汚染する）

例 fears of environmental **contamination**
（環境汚染の恐れ）

☑ 1344

contractor

/ kάːntræktəʳ ‖ kəntrǽk- /

名 契約者

派 名 **contract**（契約）

例 employ a private **contractor**
（個人契約者を雇う）

☑ 1345

conversion

/ kənvɔ́ːʳʒən ‖ -ʃən /

名 転換

派 動 **convert**（を転換する）

例 the **conversion** of old barns into houses
（古い納屋の住宅への改築）

まとめてCheck!	関連語をCheck!	brochure(パンフレット)	
flier	(チラシ)	bill	(張り紙)
handbill	((配布する)ビラ)	poster	(ポスター)
insert	((新聞の)折込広告)	billboard	(掲示板)

まとめてCheck!	類語をCheck!	「汚染」
pollution		一般に汚染された状態
contamination		特定の物質に汚染されること
pollutant, contaminant		汚染物質

ここで差がつく重要単語

英検準1級名詞③

☑ 1346 **core**

/ kɔːʳ /

名 **核心**
例 the **core** of education（教育の核心）

☑ 1347 **coupon**

/ kúːpɑːn, kjúː- ‖ kúːpɔn /

名 **割引券**
例 request a discount **coupon**（割引券を求める）

☑ 1348 **cue**

/ kjuː /

名 **手掛かり**
例 take **cues** from the environment
（周囲の状況から手掛かりを得る）

☑ 1349 **cuisine**

/ kwɪzíːn /

名 **料理**
例 introduce Thai **cuisine** to a town
（町にタイ料理を紹介する）

☑ 1350 **defendant**

/ dɪféndənt /

名 **被告**
派 動 **defend**（を弁護する）
例 sentence a **defendant** to three years
（被告に3年の刑を宣告する）

☑ 1351 **delicacy**

/ délɪkəsi /

名 **繊細さ**
派 形 **delicate**（繊細な）
例 with great **delicacy**（非常に繊細に）

☑ 1352 **detector**

/ dɪtéktəʳ /

名 **探知器**
派 動 **detect**（を探知する）
例 a metal **detector**（金属探知機）

☑ 1353 **detention**

/ dɪténʃən /

名 **拘留**
例 justify preventive **detention**
（予防拘禁を正当化する）

☑ 1354	**detour** / díːtʊəʳ /	名 回り道 例 take a **detour**（回り道をする）
☑ 1355	**diabetes** / dàɪəbíːtəs ‖ -tiːz /	名 糖尿病 派 形 **diabetic**（糖尿病の） 例 suffer from **diabetes**（糖尿病を患う）
☑ 1356	**dictator** / díkteɪtəʳ, -́-́- ‖ dɪktéɪtə /	名 独裁者 派 形 **dictatorial**（独裁者の） 例 defeat a **dictator**（独裁者を打ち負かす）
☑ 1357	**diploma** / dɪplóʊmə /	名 卒業証書 例 give **diplomas** to students （学生に卒業証書を授与する）
☑ 1358	**disgrace** / dɪsgréɪs /	名 不名誉 派 形 **disgraceful**（不名誉な） 例 bring **disgrace** on a family （家族に不名誉をもたらす）
☑ 1359	**disgust** / dɪsgʌ́st /	名 嫌悪 派 形 **disgusting**（むかむかするような） 例 look at a person with **disgust** （うんざりして人を見る）
☑ 1360	**distress** / dɪstrés /	名 苦悩 派 形 **distressful**（苦悩を与えるような） 例 in great **distress**（非常に苦しんでいる）

名詞

まとめてCheck! **反意語をCheck!**

defendant	⇔ **plaintiff**（原告）
detention	⇔ **release**（釈放）
detour	⇔ **shortcut**（近道）
disgrace	⇔ **honor**（名誉）

まとめてCheck! **類語をCheck!**　「嫌悪」

hatred	憎しみ, 嫌悪, 憎悪
detestation	激しい嫌悪, 大嫌いなもの
disgust	むかつくような嫌悪・嫌悪感
antipathy	理屈抜きの嫌悪感, 反感

ここで差がつく重要単語

英検準1級名詞④

☑ 1361	**dock** / dɑːk ‖ dɔk /	名 **波止場** 例 leave the **dock** (波止場を出る)
☑ 1362	**downturn** / dáʊntəˌrn /	名 **下降** 例 cause an economic **downturn** (景気の低迷を引き起こす)
☑ 1363	**dread** / dred /	名 **恐れ** 派 形 **dreadful** (恐ろしい) 例 have a **dread** of hospitals (病院に対する恐れがある)
☑ 1364	**embassy** / émbəsi /	名 **大使館** 例 British **embassy** staff (英国大使館の職員)
☑ 1365	**enrollment** / ɪnróʊlmənt /	名 **登録** 派 動 **enroll** (を登録する) 例 student **enrollment** system at a college (大学の学生の登録システム)
☑ 1366	**epidemic** / èpɪdémɪk /	名 (病気の)**流行** 例 have a flu **epidemic** (インフルエンザが流行する)
☑ 1367	**estimation** / èstɪméɪʃən /	名 **評価** 派 動 **estimate** (を見積もる) 例 in one's **estimation** (見たところでは)
☐ 1368	**federation** / fèdəréɪʃən /	名 **連盟** 派 動 **federate** (を連合させる) 例 an international sports **federation** (国際的なスポーツ連盟)

| ☑ 1369 | **fertilizer**
/ fə́ːrtəlaɪzər / | 名 肥料
派 動 **fertilize**（を肥やす）
例 use an organic **fertilizer**（有機肥料を使う） |

| ☑ 1370 | **footstep**
/ fútstep / | 名 足音
例 hear **footsteps** on a gravel path
（砂利道を踏む足音が聞こえる） |

| ☑ 1371 | **fraud**
/ frɔːd / | 名 詐欺
派 形 **fraudulent**（詐欺の）
例 increasing Internet **fraud**
（増加するインターネット詐欺） |

| ☑ 1372 | **freight**
/ freɪt / | 名 貨物
派 名 **freighter**（貨物船）
例 a diesel-powered **freight** train
（ディーゼル貨物列車） |

| ☑ 1373 | **friction**
/ fríkʃən / | 名 摩擦
派 形 **frictional**（摩擦の）
例 **friction** between particles（粒子間の摩擦） |

| ☑ 1374 | **generator**
/ dʒénəreɪtər / | 名 発生器
派 動 **generate**（を発生させる）
例 a sound **generator**（音波発生器） |

| ☑ 1375 | **gut**
/ gʌt / | 名 内臓, 腸
派 形 **gutsy**（根性[勇気]のある）
例 the large **gut**（大腸） |

まとめてCheck!	関連語をCheck!	dock（波止場）	
harbor	（港）	quay	（埠頭）
port	（(商業用の)港；港湾都市）	berth	（投錨地）
breakwater	（防波堤）	pier	（桟橋）
lighter	（はしけ）		

まとめてCheck!	類語をCheck!	「恐れ」
fear	「恐れ, 恐怖」を表す一般的な語	
fright	突然襲われる一時的な恐れ	
dread	将来起こりうることに対する恐れ・不安	
horror	嫌悪感を伴うぞっとするような恐れ	

ここで差がつく重要単語

英検準1級名詞⑤

☑ 1376 **headquarters**

/ hédkwɔ̀ːʳtəʳz ‖ ˌ-ˈ-- /

名 本社
例 the **headquarters** of a company
（会社の本社）

☑ 1377 **heap**

/ hiːp /

名 堆積
例 a garbage **heap**（ごみの山）

a heap [heaps] of 〜「たくさんの〜」

☑ 1378 **homeland**

/ hóʊmlænd /

名 故国
例 improve **homeland** security
（自国の安全保障を改善する）

☑ 1379 **input**

/ ínpʊt /

名 入力
例 record sensory **input**
（知覚でインプットされたものを記録する）

☑ 1380 **interface**

/ íntəʳfèɪs /

名 インターフェース
例 a brain-computer **interface**
（脳とコンピューターのインターフェース）

☑ 1381 **irritation**

/ ìrɪtéɪʃən /

名 いら立ち
派 動 **irritate**（をいらいらさせる）
例 help prevent **irritation**
（いらいらを防ぐのに役立つ）

☑ 1382 **itinerary**

/ aɪtínəreri ‖ aɪtínrəri /

名 旅行計画
例 follow a detailed **itinerary**
（詳細な旅程表に従う）

☑ 1383 **junction**

/ dʒʌ́ŋkʃən /

名 交差点, 合流点
例 the **junction** of rivers（川の合流点）

☑ 1384

layout

/ léɪaʊt /

名 レイアウト

例 the attractive page **layout** of a magazine
（雑誌の魅力的なページレイアウト）

☑ 1385

livelihood

/ láɪvlihʊd /

名 生計

例 the **livelihoods** of local farmers
（地元の農民の生計）

☑ 1386

locomotive

/ lòʊkəmóʊṭɪv /

名 機関車

派 名 **locomotion**（運動，移動）
例 a steam **locomotive**（蒸気機関車）

☑ 1387

mare

/ meəʳ /

名 雌馬

例 breed the stallion with an English **mare**
（その種馬をイギリス産の雌馬とつがわせる）

☑ 1388

maternity

/ mətɜ́ːʳnəṭi /

名 母性

派 形 **maternal**（母親らしい）
例 take **maternity** leave（産休を取る）

☑ 1389

memoir

/ mémwɑːʳ /

● 発音

名 回顧録

例 publish one's **memoirs**（回顧録を出版する）

☑ 1390

metabolism

/ mətǽbəlɪzəm /

名 代謝

派 形 **metabolic**（代謝の）
例 increase a body's **metabolism**
（身体の新陳代謝を増加させる）

まとめてCheck! 類語をCheck! 「堆積」	
heap	乱雑に山状に積み重なった堆積
pile	同じ種類の物をきちんと積み上げたもの
stack	同じ大きさのものを整然と整理されて積み上げたもの
mound	土やがらくたなどの山，山積み

まとめてCheck! 反意語をCheck!	
input	⇔ **output**（出力）
mare	⇔ **stallion**（種馬）
maternity	⇔ **paternity**（父性）

ここで差がつく重要単語

英検準1級名詞⑥

1391	**microwave** / máɪkrəweɪv /	名 電子レンジ 例 a new type of **microwave** oven （新型の電子レンジ）
1392	**mound** / maʊnd /	名 塚 例 excavate a burial **mound**（埋葬塚を発掘する）
1393	**nerve** / nəːʳv /	名 神経 派 形 **nervous**（神経質な） 例 **nerve** cells in the brain（脳の神経細胞）
1394	**neuron** / njʊ́ərɑːn ‖ -rɒn /	名 神経単位 例 the growth of **neurons**（ニューロンの成長）
1395	**nuisance** / njúːsəns /	名 迷惑をかける人[もの] 例 make a **nuisance** of oneself（厄介者になる）
1396	**ornament** / ɔ́ːʳnəmənt /	名 装飾品 派 形 **ornamental**（装飾用の） 例 steal gold **ornaments** from a palace （宮殿から金の装飾品を盗む）
1397	**pad** / pæd /	名 当て物 派 名 **padding**（詰め物をすること） 例 replace brake **pads** （ブレーキパッドを取り替える）
1398	**patent** / pǽtnt ‖ péɪtnt /	名 特許 派 名 **patentee**（特許権所有者） 例 file a **patent** application （特許申請書を提出する）

☑ 1399	**pension** / pénʃən /	名 **年金** 派 形 **pensionable**（年金を受ける権利がある） 例 the company's **pension** plan （企業の年金制度）
☑ 1400	**petition** / pətíʃən /	名 **嘆願書** 派 名 **petitioner**（嘆願者） 例 sign a **petition**（嘆願書に署名する）
☑ 1401	**petroleum** / pətróuliəm /	名 **石油** 例 dependence on **petroleum**（石油への依存）
☑ 1402	**phishing** / fíʃiŋ /	名 **フィッシング（詐欺）** 例 receive a **phishing** mail （フィッシングメールを受け取る）
☑ 1403	**plaster** / plǽstəʳ ‖ plɑ́ːs- /	名 **石こう** 派 名 **plasterer**（左官） 例 **plaster** copies of the Elgin Marbles （エルギン・マーブルの石こう像）
☑ 1404	**portion** / pɔ́ːʳʃən /	名 **一部分** 例 a small **portion** of the population （人口のほんの一部）
☑ 1405	**procession** / prəséʃən /	名 **行列** 派 動 **proceed**（進む） 例 march in a **procession** （行列を作って行進する）

まとめてCheck!	関連語をCheck！	patent(特許)	
invention	（発明）	license	（ライセンス）
copyright	（著作権）	franchise	（商品販売権）
trademark	（商標）		

まとめてCheck!	関連語をCheck！	petroleum(石油)	
gasoline	（ガソリン）	biofuel	（バイオ燃料）
natural gas	（天然ガス）	nuclear fuel	（核燃料）
fossil fuel	（化石燃料）		

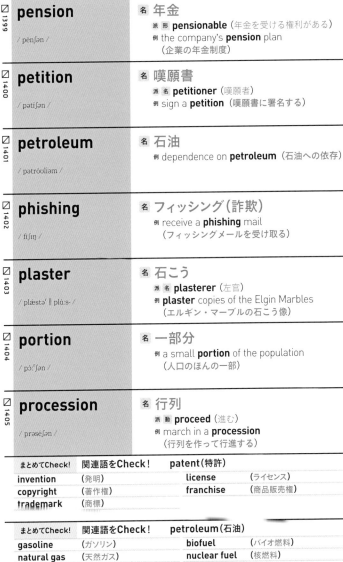

名詞

ここで差がつく重要単語

英検準1級名詞⑦

☑ 1406
profile

/ próufaɪl /　　●発音

名 プロフィール
派 名 **profiling**（プロファイリング）
例 update one's online **profile**
（ネット上のプロフィールを更新する）

☑ 1407
promoter

/ prəmóutər /

名 興行師
派 動 **promote**（を主催する）
例 a boxing **promoter**（ボクシングの興行師）

☑ 1408
quota

/ kwóutə /

名 割当量
例 an annual fishing **quota**（年間の漁獲割当量）

☑ 1409
rack

/ ræk /

名 棚
例 a magazine **rack**（マガジンラック）

☑ 1410
renewal

/ rɪnjúːəl /

名 更新
派 動 **renew**（を更新する）
例 license **renewal**（免許更新）

☑ 1411
rental

/ réntl /

名 賃貸, 賃借
派 動 **rent**（を賃貸[借]する）
例 a car **rental** company（レンタカー会社）

☑ 1412
reptile

/ réptl ‖ -taɪl /

名 爬虫(はちゅう)類
派 形 **reptilian**（爬虫類のような）
例 keep **reptiles** as pets
（ペットとして爬虫類を飼う）

☑ 1413
revolt

/ rɪvóult /

名 反乱
派 名 **revolution**（革命）
例 a **revolt** against the president
（大統領に対する反乱）

名詞

☑ 1414
riot
/ ráɪət / ●発音

名 暴動
派 形 **riotous** (暴動を起こす)
例 stage a **riot** (暴動を行う)

☑ 1415
rivalry
/ ráɪvəlri /

名 競争
派 名 **rival** (競争相手)
例 the **rivalry** between the U.S. and Russia
(米国とロシアの競争)

☑ 1416
scoop
/ skuːp /

名 (アイスクリームなどをすくう)大さじ
派 名 **scoopful** (1 すくいの量)
例 three **scoops** of ice cream
(アイスクリーム 3 すくい)

☑ 1417
segment
/ séɡmənt /

名 部分
派 名 **segmentation** (分割)
例 a growing **segment** of the Internet industry
(ネット産業の成長しつつある分野)

☑ 1418
severity
/ sɪvérəti /

名 深刻さ
派 形 **severe** (深刻な)
例 the **severity** of a problem (問題の深刻さ)

☑ 1419
shipment
/ ʃípmənt /

名 積み荷
派 動 **ship** (を船で運ぶ)
例 the first **shipment** of tea (茶の最初の船荷)

☑ 1420
sibling
/ síblɪŋ /

名 兄弟姉妹
例 look after younger **siblings**
(弟や妹の面倒を見る)

まとめてCheck! 関連語をCheck!	reptile(爬虫類)	
mammal	(哺乳類)	fish	(魚類)
amphibian	(両生類)	insect	(昆虫)
bird	(鳥類)		

まとめてCheck! 類語をCheck!	「部分」
part	全体の中の1部分
portion	大きな集団・場所などの1部分
segment	区切れているものの1部分
section	切り取られた部分, 部門

ここで差がつく重要単語

英検準1級名詞⑧

☑ 1421

span
/ spæn /

名 **（ある一定の）期間**
例 a long **span** of years（数年間の長い期間）

☑ 1422

stack
/ stæk /

名 **積み重ね**
例 a **stack** of papers（書類の山）

a stack [stacks] of ～「山のように多くの～」

☑ 1423

stance
/ stæns /

名 **立場**
例 take pride in one's official **stance**
（自分の公的な立場にプライドを持つ）

☑ 1424

submission
/ səbmíʃən /

名 **提出**
派 動 **submit**（を提出する）
例 the date of **submission**（提出日）

☑ 1425

subscription
/ səbskrípʃən /

名 **定期購読**
派 動 **subscribe**（定期購読する）
例 stop one's newspaper **subscription**
（新聞購読をやめる）

☑ 1426

sufferer
/ sʌ́fərəʳ /

名 **患者**
派 動 **suffer**（苦しむ）
例 an allergy **sufferer**（アレルギー患者）

☑ 1427

sulfur
/ sʌ́lfəʳ /

名 **硫黄**
派 形 **sulfurous**（硫黄の）
例 sulfur **dioxide**（二酸化硫黄）

☑ 1428

supplement
/ sʌ́pləmənt /

名 **栄養補助剤**
派 形 **supplementary**（補足の）
例 take a **supplement**（サプリを飲む）

☑ 1429	**supplier** / səpláɪɚ /	名 供給者 派 動 **supply** (を供給する) 例 a major energy **supplier** (主要なエネルギー供給業者)
☑ 1430	**tag** / tæg /	名 札 例 put name **tags** on luggage (荷物に名札を付ける)
☑ 1431	**tariff** / tǽrɪf /	名 関税 例 impose **tariffs** on imports (輸入品に関税をかける)
☑ 1432	**tenant** / ténənt /	名 賃借人 派 名 **tenancy** (借用) 例 **tenants** of an apartment house (アパートの間借り人)
☑ 1433	**texture** / tékstʃɚ /	名 手触り 例 the smooth **texture** of silk (絹の滑らかな手触り)
☑ 1434	**toll** / toʊl /	名 損失 例 take a heavy **toll** on workers (労働者に多くの損失を与える)
☑ 1435	**transition** / trænzíʃən /	名 移行 例 make the **transition** from paper to electronic documents (紙から電子文書へ移行する)

まとめてCheck!	類語をCheck!	「期間」
period	「期間」を表す一般的な語	
term	特定の期間, 期限, 任期	
span	ある一定の期間, 持続期間	
spell	天候などが続いた比較的短い期間	

まとめてCheck!	反意語をCheck!
supplier	⇔ **consumer** (消費者)
tenant	⇔ **owner** (所有者)
toll	⇔ **benefit** (利益)

ここで差がつく重要単語

英検準1級名詞⑨

☑ 1436 **urgency**
/ ə́ːrdʒənsi /

名 緊急
派 形 **urgent**（緊急の）
例 a matter of **urgency**（緊急を要する問題）

☑ 1437 **vacuum**
/ vǽkjuəm /

名 電気掃除機
例 need a new **vacuum** cleaner
（新しい電気掃除機が必要だ）

☑ 1438 **validity**
/ vəlídəti /

名 妥当性
派 形 **valid**（妥当な）
例 question the **validity** of data
（データの信頼性を疑う）

☑ 1439 **vendor**
/ véndər /

名 露店商
派 動 **vend**（を売る）
例 an area where a lot of street **vendors** gather
（多数の路上の露店商が集まる地域）

☑ 1440 **venue**
/ vénjuː /

名 開催場所
例 a priority entrance at a concert **venue**
（コンサート会場の優先入場口）

☑ 1441 **void**
/ vɔid /

名 すき間
例 fill a **void** in the market
（市場のすき間を埋める）

☑ 1442 **voucher**
/ váutʃər /

名 商品引き換え券
派 動 **vouch**（を保証する）
例 offer meal **vouchers** to tourists
（旅行客に食事券を提供する）

☑ 1443 **warehouse**
/ wéərhaus /

名 倉庫
派 名 **ware**（商品）
例 a distribution **warehouse**（物流倉庫）

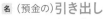

☐ 1444	**withdrawal** / wɪðdrɔ́ːəl /	名 (預金の)**引き出し** 派 動 **withdraw**（を引き出す） 例 make a **withdrawal**（預金を引き出す）

☐ 1445	**wreck** / rek /	名 **難破船** 派 名 **wreckage**（難破） 例 the release of oil from a **wreck** （難破船からの油の流出）

まとめてCheck!	関連語をCheck!	urgency(緊急)	
emergency	(緊急事態)	crisis	(危機)
accident	(事故)	catastrophe	(大災害)
disaster	(災害)		

まとめてCheck!	関連語をCheck!	vender(露店商)	
peddler	(行商人)	storekeeper	(店主)
seller	(販売人)	trafficker	(密売人)
merchant	(商人)		

RANK **C**

ここで差がつく重要単語

英検準1級形容詞・副詞など①

☑ 1446
admittedly
/ ədmítidli /

副 **一般に認められているように**
派 動 **admit** (を認める)
例 **Admittedly**, the population of our town is decreasing.
（確かに私たちの町の人口は減少している。）

☑ 1447
alongside
/ əlɔ́ːŋsaɪd ‖ əlɔ̀ŋsáɪd /

副 **並んで**
例 walk **alongside** （並んで歩く）

☑ 1448
applicable
/ əplíkəbəl, ǽplɪk- /

形 **適用できる**
例 rules that are **applicable** to all members
（全メンバーに適用される規則）

☑ 1449
Arctic
/ ɑ́ːᵏktɪk /

形 **北極（地方）の**
例 **Arctic** ice （北極の氷）

☑ 1450
arrogant
/ ǽrəgənt /

形 **横柄な, 尊大な**
派 副 **arrogantly** （横柄に）
例 become **arrogant**
（傲慢(ごうまん)な態度を取る）

☑ 1451
assorted
/ əsɔ́ːᵗtəd /

形 **各種取りそろえた**
派 名 **assortment** （各種取りそろえた物）
例 a box of **assorted** biscuits
（ビスケットの箱入り詰め合わせ）

☑ 1452
attentive
/ əténtɪv /

形 **注意している**
派 副 **attentively** （注意して）
例 be **attentive** to what a person is saying
（人が言っていることをよく聞いている）

☑ 1453
bankrupt
/ bǽŋkrʌpt /

形 **破産した**
派 名 **bankruptcy** （破産）
例 go **bankrupt** （破産する）

☑ 1454 **biased**

/ báɪəst /

形 偏見のある

派 動 **bias**（に偏見を持たせる）
例 be **biased** against foreigners
（外国人に対し偏見を持っている）

☑ 1455 **blunt**

/ blʌnt /

形（刃物などが）**鈍い, とがっていない**

派 副 **bluntly**（無遠慮に）
例 a **blunt** knife（刃の鈍いナイフ）

☑ 1456 **brutal**

/ brúːtl /

形 **残忍な**

派 名 **brute**（残忍な男）
例 a **brutal** killing of an animal（動物の惨殺）

☑ 1457 **bulky**

/ bʌ́lki /

形 **かさばる**

派 名 **bulk**（大きさ）
例 a **bulky** jacket（かさばるジャケット）

☑ 1458 **captive**

/ kǽptɪv /

形 **捕らわれの**

派 動 **capture**（を捕まえる）
例 a **captive** animal（捕獲された動物）

☑ 1459 **chaotic**

/ keɪɑ́ːtɪk ‖ -ɔ́t- /

形 **無秩序の**

派 名 **chaos**（無秩序）
例 be completely **chaotic**
（全く混沌(こんとん)としている）

☑ 1460 **charitable**

/ tʃǽrətəbəl /

形 **慈善の**

派 名 **charity**（慈善(行為)）
例 a **charitable** organization（慈善団体）

まとめてCheck!	反意語をCheck!
Arctic	⇔ Antarctic（南極の）
blunt	⇔ sharp（鋭い）
chaotic	⇔ orderly（秩序ある）

まとめてCheck!	類語をCheck！	「残忍な」
cruel	「残酷な, 残忍な」を表す一般的な語
brutal	残酷で暴力的な
brute	けだもののような, 野蛮な
fierce	怒りを伴って残忍な, どう猛な

形容詞・副詞など

ここで差がつく重要単語

英検準1級形容詞・副詞など②

☑ 1461 **classified**
/ klǽsɪfaɪd /

形 分類した
派 動 **classify** (を分類する)
例 **classified** ads (部門別案内広告)

☑ 1462 **clumsy**
/ klʌ́mzi /

形 不器用な
派 副 **clumsily** (不器用に)
例 be **clumsy** with one's hands
(手先が不器用である)

☑ 1463 **coarse**
/ kɔːrs /

形 (生地などが)粗い
例 **coarse** cotton cloth (ざらっとした綿布)

☑ 1464 **coherent**
/ kouhíərənt /

形 首尾一貫した
派 名 **coherence** (首尾一貫性)
例 a **coherent** account of the delay
(遅延に関する筋の通った説明)

☑ 1465 **collectively**
/ kəléktɪvli /

副 まとめて
派 形 **collective** (集合的な)
例 items **collectively** worth one million dollars
(合わせて100万ドルの価値がある品々)

☑ 1466 **comprehensive**
/ kɑ̀:mprɪhénsɪv ‖ kɔ̀m- /

形 包括的な
派 動 **comprehend** (を含む)
例 a **comprehensive** system of governance
(包括的な統治システム)

☑ 1467 **concise**
/ kənsáɪs /

形 簡潔な
派 副 **concisely** (簡潔に)
例 a **concise** summary (簡潔な要約)

☑ 1468 **conclusive**
/ kənklúːsɪv /

形 決定的な
派 副 **conclusively** (決定的に)
例 **conclusive** proof (決定的な証拠)

☑ 1469	**confidential** / kɑ̀:nfɪdénʃəl ‖ kɔ̀n- /	形 秘密の, 公開しない 派 名 **confidence** (秘密) 例 **confidential** information (機密情報)
☑ 1470	**considerate** / kənsídərət /	形 思いやりのある 派 動 **consider** (を思いやる) 例 be **considerate** of others (他人に対する思いやりを持つ)
☑ 1471	**corrupt** / kərʌ́pt /	形 堕落した, 不正な 派 名 **corruption** (堕落) 例 be hopelessly **corrupt** (救いようもなく堕落している)
☑ 1472	**cozy** / kóʊzi /	形 (こぢんまりして暖かく)居心地の良い 例 a **cozy** room (居心地の良い部屋)
☑ 1473	**crooked** / krʊ́kɪd / ●発音	形 曲がった 派 動 **crook** (を曲げる) 例 a **crooked** smile (ゆがんだ笑み)
☑ 1474	**cynical** / sínɪkəl /	形 皮肉な, 冷笑的な 派 名 **cynicism** (冷笑) 例 make a **cynical** comment (皮肉なコメントをする)
☑ 1475	**deceased** / dɪsí:st /	形 亡くなった 派 動 **decease** (死去する) 例 a **deceased** person (故人)

動詞

名詞

形容詞・副詞など

まとめてCheck!	反意語をCheck!
coarse	⇔ **fine** (きめ細かい)
coherent	⇔ **incoherent** (支離滅裂な)
concise	⇔ **wordy** (言葉数の多い)
conclusive	⇔ **inconclusive** (決定的でない)

まとめてCheck!	類語をCheck! 「皮肉な」
cynical	人がよいと思っていることを信じようとしない, 冷笑的な
ironic, ironical	しばしばジョークとして反語的なことを言う, 当てこすりの
sarcastic	人を傷つけるような悪意のある皮肉を言う

ここで差がつく重要単語

英検準1級形容詞・副詞など③

☑ 1476	**deliberate** / dɪlíbərət /	形 意図的な 派 副 **deliberately**（意図的に） 例 a **deliberate** act（意図的な行為）
☑ 1477	**designated** / dézɪɡneɪtɪd /	形 指定された 例 go to the **designated** room （指定された部屋へ行く）
☑ 1478	**dietary** / dáɪəteri ‖ -təri /	形 食事の 派 名 **diet**（飲食物） 例 improve one's **dietary** habits （食習慣を改善する）
☑ 1479	**disadvantaged** / dìsədvæntɪdʒd ‖ -vάːn- /	形 (教育・経済面などで)恵まれない 派 動 **disadvantage**（を不利にする） 例 a student from a **disadvantaged** background （恵まれない家庭環境にある生徒）
☑ 1480	**discreet** / dɪskríːt /	形 慎重な, 思慮深い 派 副 **discreetly**（慎重に） 例 make a **discreet** inquiry（慎重に調べる）
☑ 1481	**dismal** / dízməl /　　●発音	形 惨憺(さんたん)たる 例 My math score is **dismal**. （私の数学の点はひどいものだ。）
☑ 1482	**dreary** / dríəri /	形 退屈な 派 副 **drearily**（物憂げに） 例 a **dreary** novel（退屈な小説）
☑ 1483	**dubious** / djúːbiəs /	形 疑わしい 派 副 **dubiously**（疑わしげに） 例 be **dubious** about a person's plan （人の計画について疑わしく思っている）

☑ 1484	**durable** / djúərəbəl /	形 耐久力のある

派 名 **durability**（耐久性）
例 be **durable** enough to survive a big earthquake
（大地震を切り抜ける耐久力を持っている）

☑ 1485	**edible** / édəbəl /	形 食べられる

例 an **edible** fruit（食用になる果実）

☑ 1486	**eloquent** / éləkwənt /	形 雄弁な

派 名 **eloquence**（雄弁）
例 be **eloquent** on a topic
（ある話題に関して雄弁である）

☑ 1487	**everlasting** / èvəˈlǽstɪŋ ‖ -lάːst- /	形 永久の

例 attain **everlasting** fame
（不朽の名声を得る）

☑ 1488	**exclusively** / ɪksklúːsɪvli /	副 もっぱら

例 an article **exclusively** for members
（会員限定記事）

☑ 1489	**exotic** / ɪgzάːtɪk ‖ -zɔ́t- /	形 外来の

例 **exotic** species of animals（外来種の動物）

☑ 1490	**external** / ɪkstə́ːʳnl /	形 外部の

例 an **external** factor（外的要因）

形容詞・副詞など

まとめてCheck!	反意語をCheck!
discreet	⇔ **indiscreet**（無分別な）
edible	⇔ **inedible**（食べられない）
external	⇔ **internal**（内部の）

まとめてCheck!	類語をCheck！ 「退屈な」
boring	人をうんざりさせるほど退屈な
dull	面白くない、つまらない
dreary	仕事・話などが単調でつまらない
monotonous	単調で変化がなく退屈な

ここで差がつく重要単語

英検準1級形容詞・副詞など④

☑ 1491	**extravagant** / ɪkstrǽvəgənt /	形 ぜいたくな, 浪費する 派 副 **extravagantly** (ぜいたくに) 例 an **extravagant** lifestyle (ぜいたくな暮らしぶり)
☑ 1492	**faulty** / fɔ́ːlti /	形 欠陥のある 派 名 **fault** (欠陥) 例 **faulty** equipment (欠陥のある装置)
☑ 1493	**feeble** / fíːbəl /	形 弱々しい 派 副 **feebly** (弱々しく) 例 be too **feeble** to speak (弱り切って話すこともできない)
☑ 1494	**fictitious** / fɪktíʃəs /	形 うその, 架空の 派 名 **fiction** (作り話) 例 a **fictitious** explanation (虚偽の説明)
☑ 1495	**forceful** / fɔ́ːrsfəl /	形 力強い, 説得力のある 派 副 **forcefully** (力強く) 例 a **forceful** person (押しの強い人)
☑ 1496	**forcibly** / fɔ́ːrsəbli /	副 強制的に 派 形 **forcible** (強制的な) 例 be **forcibly** relocated (強制的に移住させられる)
☑ 1497	**formidable** / fɔ́ːrmɪdəbəl, fəˈmíd- /	形 恐るべき, 手ごわい 派 副 **formidably** (恐ろしく) 例 a **formidable** barrier (手ごわい障壁)
☑ 1498	**forthcoming** / fɔ́ːrθkʌ́mɪŋ /	形 来たるべき, 今度の 例 the author of a **forthcoming** book (近々刊行される本の著者)

形容詞・副詞 など

☑ 1499 **fragrant**

/ fréɪɡrənt /

形 良い香りの
派 名 **fragrance**（良い香り）
例 a **fragrant** flower（かぐわしい花）

☑ 1500 **freelance**

/ fríːlæns ‖ -lɑːns /

形 フリーの, 自由契約の
例 go **freelance**（フリーランスになる）

☑ 1501 **gracious**

/ ɡréɪʃəs /

形 （目下の人に）親切な
派 名 **grace**（上品さ）
例 a **gracious** person（優しい人）

☑ 1502 **habitual**

/ həbítʃuəl /

形 習慣の, 常習的な
派 名 **habit**（(個人の)習慣）
例 a **habitual** drinker（常習的に飲酒する人）

☑ 1503 **hardy**

/ háːʳdi /

形 （人や動物などが）頑丈な
派 形 **hard**（硬い）
例 **hardy** animals in the mountains
（山岳地帯にすむたくましい動物たち）

☑ 1504 **hazardous**

/ hǽzəʳdəs /

形 危険な
派 名 **hazard**（危険）
例 a **hazardous** job（危険な仕事）
予期しない危険にさらされる可能性があり危険なこと

☑ 1505 **hectic**

/ héktɪk /

形 多忙を極めた
例 a **hectic** schedule
（過密スケジュール）

まとめてCheck!	類語をCheck! 「うその」
false	事実と全く異なっている
untrue	正確な事実に基づいていない
fake	人をだます目的で偽造した, 虚偽の
fictitious	名前などが偽りの, 物語などが架空の

まとめてCheck!	意味をPlus! forthcoming
形 用意されている：More money won't be **forthcoming**.（これ以上のお金は用意されないだろう。）
形 協力的な, 進んで情報を提供する：be **forthcoming** with the police（警察に協力的である）

227

ここで差がつく重要単語

英検準1級形容詞・副詞など⑤

☑ 1506 **hereditary**
/ hərédəteri ‖ -tri /

形 世襲の
例 **hereditary** aristocracy（世襲貴族政治）

☑ 1507 **hesitant**
/ hézɪtənt /

形 ためらった
派 副 **hesitantly**（ためらいがちに）
例 be **hesitant** to go there
（そこへ行くのをためらう）

☑ 1508 **hollow**
/ há:loʊ ‖ hɔ́l- /

形 空洞の
派 副 **hollowly**（うつろに）
例 a **hollow** tree（中が空洞の木）

☑ 1509 **humble**
/ hʌ́mbəl /

形 ささやかな, ありふれた
派 副 **humbly**（謙虚に）
例 have **humble** beginnings
（最初はごくささやかなものだった）

☑ 1510 **hyperlocal**
/ hàɪpəˈlóʊkəl /

形 （報道などが）超ローカルな
例 **hyperlocal** news media
（地域限定のニュースメディア）

☑ 1511 **impractical**
/ ɪmprǽktɪkəl /

形 実際的でない
例 Those methods seem **impractical**.
（そうした方法は実際的ではないようだ。）

☑ 1512 **impulsive**
/ ɪmpʌ́lsɪv /

形 衝動的な
派 名 **impulse**（衝動）
例 make an **impulsive** decision
（衝動的に決める）

☑ 1513 **inactive**
/ ɪnǽktɪv /

形 活動していない, 不活発な
例 be **inactive** for two hours
（2時間体を動かさずにいる）

動詞

名詞

形容詞・副詞など

☑ 1514 **indispensable**

/ ìndɪspénsəbəl /

形 不可欠の
派 副 **indispensably**（必ず）
例 an **indispensable** tool for business
（ビジネスに欠かせない道具）

☑ 1515 **inexperienced**

/ ìnɪkspíəriənst /

形 経験のない, 未熟な
派 名 **inexperience**（未熟）
例 an **inexperienced** diver（未熟なダイバー）

☑ 1516 **infinite**

/ ínfɪnət /

形 無限の
派 副 **infinitely**（無限に）
例 an **infinite** number of stones（無数の石）

☑ 1517 **instrumental**

/ ìnstrəméntḷ /

形 楽器で演奏される
派 名 **instrument**（楽器）
例 **instrumental** music（器楽曲）

☑ 1518 **intimate**

/ íntəmət /　　　🔊 発音

形 くつろげる
派 名 **intimacy**（居心地の良さ）
例 provide an **intimate** environment
（落ち着いた環境を提供する）

☑ 1519 **invalid**

/ ínvælɪd /　　　🎤 アク

形 論拠の薄弱な, 無効の
例 an **invalid** statement（説得力のない主張）

☑ 1520 **invaluable**

/ ìnvæljəbəl, -ljuə- /

形 計り知れない価値の
例 be **invaluable** to a person
（人にとって大変貴重な）

まとめてCheck!	派生語をPlus!	hesitant
hesitate	動 (ためらう)	
hesitation	名 (ためらい)	
hesitancy	名 (ためらい)	

まとめてCheck!	反意語をCheck!	
impractical	⇔ **practical**(実際的な)	
inactive	⇔ **active**(活動的な, 活発な)	
indispensable	⇔ **dispensable**(なくても済む)	
inexperienced	⇔ **experienced**(経験を積んだ, 熟達した)	

ここで差がつく重要単語

英検準1級形容詞・副詞など⑥

☑ 1521 **invasive**
/ ɪnvéɪsɪv /

形 侵入する
派 動 **invade**（に侵入する）
例 the dangers of **invasive** animals
（侵入してくる外来動物がもたらす危険）

☑ 1522 **inventive**
/ ɪnvéntɪv /

形 独創的な
派 動 **invent**（を創り出す）
例 an **inventive** painter（独創的な画家）

☑ 1523 **irrational**
/ ɪrǽʃənəl /

形 不合理な
派 副 **irrationally**（不合理に）
例 **irrational** anxiety（理由もなく感じる不安）

☑ 1524 **irresistible**
/ ìrɪzístəbəl /

形 抵抗できない
派 副 **irresistibly**（抑えがたく）
例 an **irresistible** urge to shout
（叫びたいという抑えがたい衝動）

☑ 1525 **jumbled**
/ dʒʌ́mbəld /

形 ごちゃまぜの
派 動 **jumble**（をごちゃまぜにする）
例 a heap of **jumbled** clothing
（ごちゃごちゃに積み上げられた服の山）

☑ 1526 **knowledgeable**
/ nάːlɪdʒəbəl ‖ nɔ́l- /

形 よく知っている
派 名 **knowledge**（知識）
例 be **knowledgeable** about the economy
（経済に精通している）

☑ 1527 **legitimate**
/ lɪdʒítəmət /

形 合法の
派 副 **legitimately**（合法的に）
例 **legitimate** qualifications（適法な資格）

☑ 1528 **lenient**
/ líːniənt /

形 寛大な
派 副 **leniently**（寛大に）
例 be too **lenient** with a person
（人に対して甘過ぎる）

動詞

名詞

形
容
詞
・
副
詞
など

☑ 1529
liable
/ láɪəbəl /

形 法的責任がある
例 be **liable** for damage
（損害を賠償する責任がある）

☑ 1530
literate
/ líṭərət /

形 読み書きのできる
例 a **literate** society
（識字率の高い社会）

☑ 1531
longstanding
/ lɔ́ːŋstǽndɪŋ ‖ lòŋ- /

形 長期間にわたる, 長く続く
例 a **longstanding** relationship between two countries
（長年にわたる2国間の関係）

☑ 1532
mainstream
/ méɪnstriːm /

形 主流の
例 **mainstream** society（一般社会）

☑ 1533
managerial
/ mæ̀nədʒíəriəl /

形 経営者の
例 a **managerial** position（経営者の地位）

☑ 1534
mandatory
/ mǽndətɔːri ‖ -təri /

形 義務的な
例 a **mandatory** class（必修科目の授業）

☑ 1535
mediocre
/ mìːdióʊkəʳ /

形 並の
派 名 **mediocrity**（月並み）
例 a **mediocre** actor（十人並の役者）

☑ 1536
mortal
/ mɔ́ːʳtl /

形 死を免れない
派 名 **mortality**（死を免れないこと）
例 We are **mortal**.
（我々は死を避けることはできない。）

まとめてCheck!	意味をPlus!	**liable**

形 ～しがちな, ～しやすい：be **liable** to rot（腐りやすい）
形 （病気に）かかりやすい：be **liable** to colds（風邪をひきやすい）
形 （罰金・刑に）処せられるべき：be **liable** for a fine of $100（罰金100ドルに処せられるべきだ）

ここで差がつく重要単語

英検準1級形容詞・副詞など⑦

☐ 1537	**multiple** / mʌ́ltɪpəl /	形 多数の 例 **multiple** functions（多数の機能）
☐ 1538	**objectively** / əbdʒéktɪvli /	副 客観的に 派 形 **objective**（客観的な） 例 be proven **objectively** （客観的に証明されている）
☐ 1539	**obsolete** / àːbsəliːt ‖ ɔ́bsəliːt /	形 廃れた 例 become **obsolete**（廃れる）
☐ 1540	**offshore** / ɔ̀ːʃʃɔ́ːʳ ‖ ɔ̀f- /	形 沖の 例 an **offshore** area（沖合の海域）
☐ 1541	**optional** / áːpʃ ənəl ‖ ɔ́p- /	形 任意の, 随意の 派 名 **option**（選択(肢)） 例 an **optional** tour（オプショナルツアー）
☐ 1542	**outdated** / àʊtdéɪt̬ɪd /	形 時代遅れの 例 an **outdated** machine（旧式の機械）
☐ 1543	**outgoing** / àʊtɡóʊɪŋ /	形 外向的な 例 an **outgoing** personality（外交的な性格）
☐ 1544	**outrageous** / aʊtréɪdʒəs /	形 とんでもない, ひどい 派 名 **outrage**（けしからん行為） 例 an **outrageous** price（法外な値段）

単語編

RANK C

| ☐ 1545 | **overdue** / òuvəˈdjúː / | 形 (支払い・返却などの)**期限の過ぎた** 例 return an **overdue** book to a library (返却期限の過ぎた本を図書館に返す) |

| ☐ 1546 | **overhead** / òuvəˈhéd / | 形 **頭上の** 例 an **overhead** compartment ((飛行機などの)座席の上の手荷物入れ) |

| ☐ 1547 | **parallel** / pǽrəlel / | 形 **同時進行の** 例 **parallel** existing societies (同時に存在する社会) |

| ☐ 1548 | **pathetic** / pəθéṭɪk / | 形 **哀れを誘う** 例 a **pathetic** stray dog (哀れな野良犬) |

| ☐ 1549 | **petty** / péṭi / | 形 **ささいな** 例 a decrease in **petty** crime (軽犯罪の減少) |

| ☐ 1550 | **postwar** / pòustwɔ́ːʳ / | 形 **戦後の** 例 movies in the **postwar** years (戦後の映画) |

| ☐ 1551 | **premium** / príːmiəm / | 形 **高級な** 例 sell **premium** products to customers (客に高級製品を売る) |

| ☐ 1552 | **prime** / praɪm / | 形 **最良の, 素晴らしい** 派 形 **primary** (主要な) 例 a **prime** target (格好の標的) |

形容詞・副詞など

まとめてCheck!	反意語をCheck!
objectively	⇔ **subjectively**(主観的に)
offshore	⇔ **onshore**(沿岸の)
optional	⇔ **compulsory**(義務的な, 必須の)
postwar	⇔ **prewar**(戦前の)

ここで差がつく重要単語

英検準1級形容詞・副詞など⑧

☑ 1553	**questionable** / kwéstʃənəbəl /	形 疑問の余地のある 派 動 **question**（を疑う） 例 a **questionable** therapy（疑わしい治療法）
☑ 1554	**recreational** / rèkriéiʃənəl /	形 娯楽の, レクリエーションの 派 名 **recreation**（娯楽） 例 **recreational** activities （レクリエーション活動）
☑ 1555	**redundant** / rɪdʌ́ndənt /	形 余分の 派 名 **redundancy**（余分） 例 erase **redundant** words in a sentence （文中の余分な語を消す）
☑ 1556	**resistant** / rɪzístənt /	形 抵抗力のある 派 名 **resistance**（抵抗） 例 be fire **resistant**（耐火性がある）
☑ 1557	**rewarding** / rɪwɔ́ːʳdɪŋ /	形 価値がある 派 動 **reward**（に報いる） 例 **rewarding** work（やりがいのある仕事）
☑ 1558	**righteous** / ráɪtʃəs /　●発音	形 （道徳的に）正しい 派 名 **righteousness**（正義） 例 a **righteous** person（正義の人）
☑ 1559	**rusty** / rʌ́sti /	形 （能力が）衰えた, さびついた 派 名 **rust**（さび） 例 My Chinese has gotten **rusty**. （私の中国語はさびついてしまった。）
☑ 1560	**scarce** / skeəʳs /	形 不十分な, 乏しい 派 副 **scarcely**（ほとんど〜ない） 例 Food is **scarce** in that area. （その地域では食糧が不足している。）

START
25% 50% 75%
1900語
100%

単語編

RANK
C

形容詞・副詞など

☑ 1561
sensory
/ sénsəri /

形 感覚の, 知覚の
派 名 sense (感覚)
例 a sensory nerve (感覚神経)

☑ 1562
serene
/ səríːn /

形 落ち着いた, 穏やかな
派 名 serenity (静穏)
例 a serene lake (穏やかな湖)

☑ 1563
simultaneous
/ sàɪməltéɪniəs ‖ sìm- /

形 同時の
派 副 simultaneously (同時に)
例 simultaneous translation (同時通訳)

☑ 1564
skeptical
/ sképtɪkəl /

形 懐疑的な
派 副 skeptically (懐疑的に)
例 be skeptical about a person's explanation
(人の説明を疑わしいと思う)

☑ 1565
sober
/ sóʊbəʳ /

形 しらふの, 酔っていない
派 名 sobriety (しらふ)
例 look sober (しらふのように見える)

☑ 1566
societal
/ səsáɪətl /

形 社会の
派 名 society (社会)
例 valuable information about societal trends
(社会のトレンドに関する貴重な情報)

☑ 1567
sole
/ soʊl /

形 唯一の
派 副 solely (たった1人で)
例 the sole reason (唯一の理由)

☑ 1568
solemn
/ sáːləm ‖ sɔ́l- /　●発音

形 厳粛な
派 名 solemnity (厳粛さ)
例 a solemn ceremony (厳かな式典)

まとめてCheck!	派生語をPlus!	resistant
resist	動 (に抵抗する)	
resister	名 (抵抗者)	
resistible	形 (抵抗できる)	
resistless	形 (抵抗できない)	

ここで差がつく重要単語

英検準1級形容詞・副詞など⑨

☑ 1569
solitary
/ sάːləteri ‖ sɔ́lətəri /

形 **ひとりぼっちの, 孤独を好む**
派 名 **solitude** (ひとりぼっちでいること)
例 live a **solitary** life (1人で生活する)

☑ 1570
spacious
/ spéɪʃəs /

形 **広々とした**
派 名 **space** (空間)
例 a **spacious** interior (広々とした室内)

☑ 1571
standby
/ stǽndbaɪ /

形 **キャンセル待ちの**
例 a **standby** passenger
(キャンセル待ちの搭乗客)

☑ 1572
staple
/ stéɪpəl /

形 **主要な**
例 Japanese **staple** food (日本人の主食)

☑ 1573
structured
/ strʌ́ktʃəˑd /

形 **体系化された**
派 動 **structure** (を体系化する)
例 a **structured** activity (体系化された活動)

☑ 1574
substandard
/ sʌ̀bstǽndəˑd /

形 **標準[基準]以下の**
例 **substandard** quality (基準以下の品質)

☑ 1575
sustainable
/ səstéɪnəbəl /

形 **持続可能な**
派 名 **sustainability** (持続可能性)
例 **sustainable** resources (持続可能な資源)

☑ 1576
tedious
/ tíːdiəs /

形 **(長くて)退屈な**
派 副 **tediously** (退屈なほどに)
例 Yesterday's meeting was **tedious**.
(昨日の会議は退屈だった。)

形容詞・副詞など

☑ 1577
temperate
/ témpərət /

形 温暖な
派 名 temper（平静）
例 a temperate region（温暖な地域）

☑ 1578
tempting
/ témptɪŋ /

形 魅力的な
派 動 tempt（を誘惑する）
例 a tempting job offer（魅力的な仕事の誘い）

☑ 1579
tentative
/ téntətɪv /

形 試験的な, 仮の
派 副 tentatively（試験的に）
例 reach a tentative conclusion
（暫定的な結論に達する）

☑ 1580
territorial
/ tèrətɔ́:riəl /

形 領土の
派 名 territory（領土）
例 the territorial waters of a country
（ある国の領海）

☑ 1581
timid
/ tímɪd /

形 自信のない, 臆病な
派 副 timidly（おどおどして）
例 in a timid manner（おどおどした態度で）

☑ 1582
toxic
/ tá:ksɪk ‖ tɔ́k- /

形 有毒な
例 release toxic materials into a river
（有毒物質を川に排出する）

☑ 1583
tranquil
/ trǽŋkwɪl /

形 静かな
派 名 tranquility（静けさ）
例 a tranquil sea（穏やかな海）

☑ 1584
troubled
/ trʌ́bəld /

形 騒然とした, 問題の多い
派 動 trouble（を悩ませる）
例 couples with troubled marriages
（問題の多い結婚生活を送る夫婦）

まとめてCheck!	反意語をCheck!
substandard	⇔ standard（標準の, 標準的な）
tentative	⇔ final（最終的な）
timid	⇔ confident（自信に満ちた）
toxic	⇔ nontoxic（毒性のない）

ここで差がつく重要単語

英検準1級形容詞・副詞など⑩

☑ 1585 **unaffected**
/ ʌ̀nəféktɪd /

形 影響を受けない
例 be **unaffected** by changes in temperature
（気温の変化に影響されない）

☑ 1586 **unanimously**
/ junǽnɪməsli /

副 全員一致で
派 形 **unanimous**（全員一致の）
例 agree **unanimously**（満場一致で賛成する）

☑ 1587 **unauthorized**
/ ʌnɔ́ːθəraɪzd /

形 認可されていない
例 **unauthorized** graffiti
（無断で行われる落書き）

☑ 1588 **underlying**
/ ʌ̀ndəˈláɪɪŋ /

形 背後にある
派 動 **underlie**（背後にある）
例 an **underlying** mental illness
（潜在的な精神疾患）

☑ 1589 **unpaid**
/ ʌ̀npéɪd /

形 無給の
例 an **unpaid** internship（無給の実習）

☑ 1590 **unsold**
/ ʌ̀nsóʊld /

形 売れ残った
例 an entire year's worth of **unsold** wheat
（売れ残った丸1年分の小麦）

☑ 1591 **unstable**
/ ʌnstéɪbəl /

形 不安定な
例 an **unstable** relationship between two countries
（2国間の不安定な関係）

☑ 1592 **unsuitable**
/ ʌnsúːʧəbəl ‖ -sjúː- /

形 不適当な
例 be **unsuitable** for children
（子供に適していない）

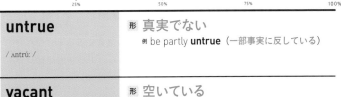

☑ 1593	**untrue** / ʌntrúː /	形 真実でない 例 be partly **untrue**（一部事実に反している）
☑ 1594	**vacant** / véɪkənt /	形 空いている 派 名 **vacancy**（空き地, 空き部屋） 例 a **vacant** lot（空き地）
☑ 1595	**viable** / váɪəbəl /	形 実行可能な 派 名 **viability**（実行可能性） 例 be commercially **viable** （商売として成立し得る）
☑ 1596	**vibrant** / váɪbrənt /	形 活気に満ちた 例 a **vibrant** city（活気あふれる都市）
☑ 1597	**victorious** / vɪktɔ́ːriəs /	形 勝利を収めた 派 名 **victory**（勝利） 例 be **victorious** in a game（試合に勝利する）
☑ 1598	**weary** / wíəri /　　●発音	形 疲れ切った 派 形 **wearisome**（疲れさせる） 例 look **weary**（疲れ切っている様子だ）
☑ 1599	**wholesale** / hóʊlseɪl /	形 卸の 例 a **wholesale** price（卸値）
☑ 1600	**wholesome** / hóʊlsəm /	形 健全な, 健康的な 例 **wholesome** fun（健全な楽しみ）

まとめてCheck!　意味をPlus!　weary

形 飽き飽きして：be **weary** of a person's long speech（人の長い演説にうんざりしている）

動 を疲れさせる：The training **wearied** them.（そのトレーニングは彼らを疲れさせた。）

動 退屈する：He **wearied** of his job.（彼は仕事に飽きた。）

形容詞・副詞など

RANK C の学習記録をつける

覚えたことを定着させるには,「くりかえし復習すること」がたいせつです。RANK C の学習を一通り終えたら,下の学習記録シートに日付を書きこみ,履歴を残しましょう。

1	2	3	4	5	6	7	8	9	10
/	/	/	/	/	/	/	/	/	/
11	12	13	14	15	16	17	18	19	20
/	/	/	/	/	/	/	/	/	/
21	22	23	24	25	26	27	28	29	30
/	/	/	/	/	/	/	/	/	/
31	32	33	34	35	36	37	38	39	40
/	/	/	/	/	/	/	/	/	/
41	42	43	44	45	46	47	48	49	50
/	/	/	/	/	/	/	/	/	/

MEMO

熟語編

必ずおさえておくべき

重要熟語

この章では英検準1級を受験するにあたって，必ずおさえておくべき重要熟語を紹介します。英検の過去問データベースから最頻出のものをセレクトした上で，暗記効率を考えて〈動詞＋前置詞［副詞］〉などの「型」ごとにまとめて配列しています。熟語をそのまま問う問題のみならず，読解・英作文にも役立つ表現ばかりですので，確実に覚えて，使いこなせるようにしましょう。

RANK 必ずおさえておくべき重要熟語

〈動詞＋副詞［前置詞］〉型の動詞句 ①

☑ 1601

account for ～　　　　　（ある割合）を占める

᷒ Bags **account for** 50% of the company's sales.
（かばんはその会社の売上の **50%**を占める。）

☑ 1602

act on [upon] ～　　　　～に従って行動する

᷒ You had better **act on** advice from your teacher.
（先生のアドバイスに従って行動した方がいい。）

☑ 1603

add up to ～　　　　　結局～ということになる

᷒ All his efforts **added up to** failure. （彼の努力も結局は失敗に終わった。）

☑ 1604

adhere to ～　　　　　～に忠実に従う

᷒ I have **adhered** strictly **to** the diet for three months.
（私は **3** か月間そのダイエットを忠実に行っている。）

☑ 1605

allow for ～　　　　　～を考慮に入れる

᷒ We should **allow for** the possibility of accidents.
（我々は事故の可能性を想定しておくべきだ。）

☑
1606
back down (on ～)

(要求などを)**取り下げる**

例 They refused to **back down on** the request.
(彼らはその要求を取り下げることを拒否した。)

☑
1607
back off

口出ししない

例 They decided to **back off** and let their son study abroad.
(彼らは口出しせずに息子を留学させることにした。)

☑
1608
bank on ～

～を当てにする

例 I was **banking on** her help. (私は彼女の助けを当てにしていた。)

☑
1609
blow up

かっとなる

例 He often **blew up** at his wife. (彼はしばしば妻に対してかっとなった。)

☑
1610
break down

故障する

例 The machine is likely to **break down**. (機械が故障しそうだ。)

熟語編

RANK

動詞句

その他の熟語

まとめてCheck!	意味をPlus！	blow up

～を膨らませる：**blow up** a balloon (風船を膨らませる)
(嵐などが)突然起こる：The storm **blew up** then. (そのとき突然嵐が起こった。)
(計画などが)台無しになる：Our plan **blew up** because of the bad weather.
(我々の計画は悪天候のために台無しになった。)

必ずおさえておくべき重要熟語

〈動詞＋副詞［前置詞］〉型の動詞句 ②

☑ 1611 **break out** 急に発生する

例 A fire **broke out** in the town yesterday.（昨日，その町で火事が起きた。）

☑ 1612 **bring down** ～を下げる

例 This drug helps to **bring down** your temperature.
（この薬はあなたの熱を下げるのに効きます。）

☑ 1613 **bring on** ～を引き起こす

例 Using a smartphone for a long time can **bring on** headaches.
（長時間スマートフォンを使っていると頭痛を招くことがある。）

☑ 1614 **bring up** ～を育てる

例 She was born in Hawaii, but she was **brought up** in Japan.
（彼女はハワイで生まれたが，日本で育った。）

☑ 1615 **brush off** ～をはねつける

例 Her father gave her good advice, but she **brushed** him **off**.
（彼女の父はいいアドバイスをしたが，彼女は聞く耳を持たなかった。）

☑ 1616 bump into ～

(知っている人)と偶然出会う

例 I **bumped into** an old friend at the party.
(私はそのパーティーで旧友にばったり会った。)

☑ 1617 buy out

(会社・事業)を買い取る

例 They aimed to **buy out** the IT company.
(彼らはその IT 企業の買収を狙っていた。)

☑ 1618 buy up

～を買い占める

例 A foreign company started to **buy up** farmland in the country.
(外国企業がその国の農地を買い占め始めた。)

☑ 1619 call for ～

～を求める

例 This work **calls for** great skill. (この仕事には高い技術が求められる。)

☑ 1620 call in

～を呼ぶ

例 They **called in** a plumber to look at the leaky pipe.
(彼らは水漏れしている配管を見てもらうために配管工を呼んだ。)

まとめてCheck!	同意語・同意表現をCheck !
break out(急に発生する)＝occur, happen	
bring on(～を引き起こす)＝cause	
bring up(～を育てる)＝raise	
bump into ～(～と偶然出会う)＝run into ～, come across ～	

熟語編

RANK

動詞句

その他の熟語

必ずおさえておくべき重要熟語

〈動詞＋副詞［前置詞］〉型の動詞句 ③

☑ 1621
call off　　　　　　　　　〜を中止する

例 The game was **called off** due to the heavy snow.
（その試合は大雪のため中止になった。）

☑ 1622
carry out　　　　　　　　　〜を実行する

例 We need to **carry out** a detailed survey of the disease.
（我々はその病気の詳細な調査を実行する必要がある。）

☑ 1623
carry over (to ...)　　　　〜を（…に）持ち越す

例 The final game was **carried over to** next week.
（決勝戦は翌週に持ち越しとなった。）

☑ 1624
clear up　　　　　　　　　晴れる

例 It will **clear up** in the afternoon.（午後には晴れるでしょう。）

☑ 1625
come down with 〜　　　　（病気）にかかる

例 I might be **coming down with** the flu.
（インフルエンザにかかっているかもしれない。）

1626 come up with ~　　　　　　　～を思いつく

例 He **came up with** one solution to the problem.
（彼はその問題に対するある解決法を思いついた。）

1627 comply with ~　　　　　　　～に応じる

例 We are unable to **comply with** your request.
（当方ではあなたのご要望にはお応えできかねます。）

熟語編

RANK

動詞句

その他の熟語

1628 contribute to ~　　　　　　～の一因となる

例 Apparently, large quantities of CO_2 **contribute to** global warming.
（どうも大量の二酸化炭素が地球温暖化の一因となっているようだ。）

1629 count on ~　　　　　　　　～を頼る

例 You can always **count on** me.（いつでも私を頼っていいですよ。）

1630 cover for ~　　　　　　　　～の代行をする

例 If you have no time to go there, I'll **cover for** you.
（もしそこへ行く時間がないのなら，私が代わりましょう。）

まとめてCheck!　同意語・同意表現をCheck！

call off（～を中止する）＝cancel
carry out（～を実行する）＝execute
count on ~（～を頼る）＝depend on ~
cover for ~（～の代行をする）＝act for ~

必ずおさえておくべき重要熟語

〈動詞＋副詞[前置詞]〉型の動詞句 ④

☑
1631

cut back (on) ～ ～を削減する

例 The company decided to **cut back on** staff.
（その会社はスタッフを削減することに決めた。）

☑
1632

cut down (on) ～ ～の量[数]を減らす

例 She **cut down on** buying clothes. （彼女は洋服を買う回数を減らした。）

☑
1633

deal in ～ ～を扱う

例 The shop **deals in** fruit and vegetables. （その店は果物と野菜を扱っている。）

☑
1634

descend on [upon] ～ ～に押し掛ける

例 A lot of people **descend on** the park during the festival.
（祭りの期間中は多くの人々がその公園に押し掛ける。）

☑
1635

die down 次第に弱まる

例 His anger **died down** as he learned more about the accident.
（その事故についてより多くを知るにつれて，彼の怒りは静まっていった。）

☑ 1636
die out
絶滅する

例 All the dinosaurs **died out** on the earth. （全ての恐竜は地球上から絶滅した。）

☑ 1637
dish out
～を（気前よく）配る

例 The store manager **dished out** discount coupons to passersby.
（店長は通行人に割引券を配った。）

☑ 1638
dispose of ～
～を処分する

例 They discussed how to **dispose of** nuclear waste.
（彼らは核廃棄物をどのように処分するかを話し合った。）

☑ 1639
do with ～
～で済ます

例 We had to **do with** a few cookies for lunch.
（私たちは昼食を少しのクッキーで済ませなければならなかった。）

☑ 1640
drag on
長引く

例 The negotiation **dragged on** for hours. （その交渉は何時間もだらだらと続いた。）

熟語編

RANK

動詞句

その他の熟語

まとめてCheck!	動詞句をPlus！	do＋副詞【前置詞】	
do away with ～	（～を廃止する）	do without ～	（～なしで済ます）
do down	（～をだます）	have done with ～	（～を終える）
do for ～	（～の代わりになる）		
do out	（～を掃除する）		

必ずおさえておくべき重要熟語

〈動詞＋副詞［前置詞］〉型の動詞句 ⑤

☑ 1641
drag out　　　　　　　　〜を引き延ばす

例 He had to **drag out** his speech because the presentation wasn't ready.
（プレゼンの準備が出来ていなかったので，彼はスピーチを引き延ばさなければならなかった。）

☑ 1642
draw on [upon] 〜　　　　〜を生かす

例 He was able to **draw on** his past experiences at work.
（彼は過去の経験を仕事で生かすことができた。）

☑ 1643
draw up　　　　　　　　（文書・計画など）を作成する

例 We need to **draw up** a plan of action. (私たちは行動計画を作成する必要がある。)

☑ 1644
dream up　　　　　　　　〜を思いつく

例 She **dreamed up** a new business model.
（彼女は新しいビジネスモデルを思いついた。）

☑ 164
drop off　　　　　　　　〜を届ける

例 Could you **drop off** this letter at her house?
（この手紙を彼女の家に届けてもらえますか。）

☑ 1646

eat away at ～

～を侵食する

例 Salt water has **eaten away at** the ship for many years.
（海水が長い年月の間にその船を侵食した。）

☑ 1647

eat up

～を使い果たす

例 The fixed costs will **eat up** our income. （固定費で収入を使い果たすだろう。）

☑ 1648

face off

対決する

例 The two boxers **faced off** again in the ring.
（2人のボクサーは再びリングの上で対決した。）

☑ 1649

fall apart

ばらばらになる

例 The book was old and likely to **fall apart**.
（その本は古くてばらばらになりそうだった。）

☑ 1650

fall back on ～

～に頼る

例 He **fell back on** his parents for financial assistance.
（彼は経済的な援助を親に頼った。）

まとめてCheck! 　同意語・同意表現をCheck！

drag out（～を引き延ばす）＝extend
draw up（～を作成する）＝make, prepare
dream up（～を思いつく）＝hit on ～
fall apart（ばらばらになる）＝break up

熟語編

RANK

動詞句

その他の熟語

必ずおさえておくべき重要熟語

〈動詞＋副詞［前置詞］〉型の動詞句 ⑥

☑ 1651
fall behind

遅れる

例 We are **falling behind** in developing autonomous cars.
（我々は自動運転車の開発で遅れを取っている。）

☑ 1652
fall for ～

～にだまされる

例 She didn't **fall for** his trick. （彼女は彼の計略にはだまされなかった。）

☑ 1653
fall on ～

～に降りかかる

例 After his death, a large amount of debt **fell on** his wife.
（彼の死後，多額の借金が彼の妻に降りかかった。）

☑ 1654
fall through

失敗に終わる

例 His plan to go hiking with Lucy **fell through**.
（ルーシーとハイキングに行くという彼の計画は失敗に終わった。）

☑ 1655
feed off ～

～によって増大する

例 Speculation **feeds off** our desire to be rich.
（投機は金持ちになりたいという我々の欲望によって増大する。）

☑ 1656 figure on 〜　　　　　〜を見込む

例 I hadn't **figured on** such a hard task.
（そんなに大変な仕事だとは予想していなかった。）

☑ 1657 figure out　　　　　〜を理解する

例 I can't **figure out** how to use the software.
（そのソフトの使い方がさっぱり分からない。）

☑ 1658 fill in　　　　　〜に（必要事項を）記入する

例 Please **fill in** this registration form.（この登録用紙に記入してください。）

☑ 1659 fit in　　　　　適合する, なじむ

例 You should try to **fit in** better with your colleagues.
（君は同僚ともっとうまくやっていこうとするべきだ。）

☑ 1660 follow up　　　　　〜の後に続けて行う

例 It is important to **follow up** your phone call with an e-mail.
（電話の後に E メールでフォローするのが大事だ。）

まとめてCheck!　同意語・同意表現をCheck！

fall for 〜（〜にだまされる）＝**be taken in** 〜
fall on 〜（〜に降りかかる）＝**happen to** 〜
figure on 〜（〜を見込む）＝**count on** 〜
figure out（〜を理解する）＝**understand**

必ずおさえておくべき重要熟語

〈動詞＋副詞［前置詞］〉型の動詞句 ⑦

☑ 1661

get around to ～　　　　～をする時間ができる

例 I didn't **get around to** finishing the work on time.
（その仕事を時間通りに終える余裕がなかった。）

☑ 1662

get at ～　　　　（意味・真実など）をつかむ

例 He couldn't **get at** the heart of the problem.
（彼は問題の核心をつかむことができなかった。）

☑ 1663

get away with ～　　　　～を（罰を受けずに）うまくやる

例 They easily **got away with** the bank robbery in the town.
（彼らはその町でいとも簡単に銀行強盗をやってのけた。）

☑ 1664

get back to ～　　　　～に折り返し連絡する

例 Let me check your record. I'll **get back to** you.
（あなたの記録をチェックさせてください。折り返し連絡します。）

☑ 1665

get by　　　　なんとかやっていく

例 How can you **get by** on your savings alone?
（あなたの貯金だけでどうやって暮らしていけるの？）

☑ 1666
give away 〜をただでやる

例 She **gave** the money **away** to the poor.
（彼女はそのお金を貧しい人々に与えた。）

☑ 1667
give in to 〜 〜に屈する

例 The owner **gave in to** the tenants' demand for lower rent.
（そのオーナーはテナントの賃料の値下げの要求に屈した。）

☑ 1668
give off （におい・熱・光など）を発する

例 The flowers **gave off** a sweet smell.（その花は甘い匂いを発していた。）

☑ 1669
give out 動かなくなる

例 The vacuum cleaner finally **gave out**.（その掃除機はとうとう動かなくなった。）

☑ 1670
give over 〜を引き渡す

例 She **gave over** control of the company to the vice president.
（彼女は会社の管理を副社長に任せた。）

まとめてCheck!	意味をPlus！	give out

〜を配る：**give out** leaflets to passersby（通行人にビラを配る）
（光・熱・信号など）を発する：**give out** a blue light（青い光を発する）
（供給・力などが）尽きる：Her patience **gave out**.（彼女の忍耐も尽きた。）

必ずおさえておくべき重要熟語

〈動詞＋副詞[前置詞]〉型の動詞句 ⑧

☑ 1671

give up on ～ — ～に見切りをつける

例 He **gave up on** his dream and decided to work for the company.
（彼は自分の夢をあきらめ，その会社で働くことに決めた。）

☑ 1672

go for ～ — ～を選ぶ，～を好む

例 I could really **go for** some lemonade.（レモネードがとても飲みたい。）

☑ 1673

go through ～ — ～を経験する

例 Their marriage often **went through** hard times.
（彼らの結婚はしばしば辛い時期を経た。）

☑ 1674

go under — 倒産する

例 The firm **went under** in 1992.（その会社は 1992 年に倒産した。）

☑ 1675

grow into ～ — 成長して～になる

例 Her firm **grew into** a worldwide IT company in the next decade.
（彼女の会社は次の 10 年間で世界的な IT 企業に成長した。）

☑ 1676

grow on ~

～にだんだん好まれてくる

例 Her songs are **growing on** me nowadays.
(最近彼女の歌がだんだん好きになってきた。)

☑ 1677

hammer out

(合意など)を徹底的に議論して出す

例 The two companies **hammered out** an agreement over a period of three months. (その2社は3か月かけて合意を導き出した。)

☑ 1678

hand down

～を伝える

例 The tradition has been **handed down** over generations.
(その伝統は何世代にもわたって伝えられてきた。)

☑ 1679

hand out

～を配る

例 He **handed out** free samples at the shop.
(彼はその店で無料のサンプルを配った。)

☑ 1680

hang out

ぶらぶら過ごす

例 I used to **hang out** with my friends on the street.
(私はよく街で友達とぶらぶら過ごしたものだった。)

熟語編

RANK

動詞句

その他の熟語

まとめてCheck! 同意語・同意表現をCheck！

go for ~(～を選ぶ, ～を好む)＝**like, prefer**
go through ~(～を経験する)＝**suffer, experience**
go under(倒産する)＝**go bankrupt**
hand out(～を配る)＝**give out**

必ずおさえておくべき重要熟語

〈動詞＋副詞[前置詞]〉型の動詞句 ⑨

☑ 1681
hold back
(感情・涙など)を抑える

例 It is not always good to **hold back** your feelings.
(自分の感情を抑えることがいつもいいとは限らない。)

☑ 1682
hold off (on ～)
(～を)先延ばしにする

例 I want to **hold off on** making my decision for a while.
(決定するのをしばらく先へ延ばしたいと思う。)

☑ 1683
hold out
(希望など)を与える

例 The doctor didn't seem to **hold out** much hope of his recovering.
(医者は彼の回復に望みをあまり抱いていないようだった。)

☑ 1684
hold over
～を延期する

例 The issue was **held over** until the next meeting.
(その問題については次の会議に持ち越された。)

☑ 1685
jump at ～
(機会など)に飛びつく

例 She **jumped at** the chance to go to France.
(彼女はフランスに行くチャンスに飛びついた。)

1686 keep in

(感情)を抑える

例 He tried to **keep** his anger **in**.
(彼は怒りを抑えようとした。)

1687 keep up with ～

～に遅れずについていく

例 Some manufacturers could not **keep up with** the demand.
(いくつかのメーカーはその需要についていくことができなかった。)

熟語編

RANK

動詞句

その他の熟語

1688 lay down

～を定める

例 The school needs to **lay down** some new rules for child safety.
(学校は子供の安全のために新しいルールを定める必要がある。)

1689 lay off

～を一時解雇する

例 The company **laid off** about a thousand workers last month.
(その会社は先月 1,000 人の従業員を一時解雇した。)

1690 lie around

散らかっている

例 Don't leave your clothing **lying around**.（服を散らかったままにしておくな。）

まとめてCheck! 動詞句をPlus!		keep＋副詞[前置詞]	
keep away	(～を遠ざける)	keep to ～	(～を守る)
keep from *doing*	(～しないでいる)	keep ～ under	(～を抑圧する)
keep off	(～に近づかない)		
keep on *doing*	(～し続ける)		

必ずおさえておくべき重要熟語

〈動詞＋副詞［前置詞］〉型の動詞句 ⑩

☑ 1691

live off ～
～に頼って生活する

例 He had to **live off** welfare. （彼は生活保護に頼って生活せざるを得なかった。）

☑ 1692

live up to ～
～に応える

例 She tried to **live up to** the expectations of her parents.
（彼女は両親の期待に応えようとした。）

☑ 1693

look out for ～
～に気をつける

例 **Look out for** cars when you cross the street.
（その通りを渡るときは車に気をつけなさい。）

☑ 1694

make for ～
～に役立つ

例 Good communication **makes for** a happy marriage.
（よいコミュニケーションが幸福な結婚に役立つ。）

☑ 1695

make off
逃げる

例 The man **made off** with $ 20,000 in cash.
（その男は現金 2 万ドルを持って逃げた。）

☑ 1696 make out　　　～を理解する

例 I couldn't **make out** what it was. （私はそれが何なのか分からなかった。）

☑ 1697 make up for ～　　　～の埋め合わせをする

例 Some people try to **make up for** a lack of vitamins with supplements.
（ビタミン不足をサプリメントで補おうとする人もいる。）

熟語編

RANK

動詞句

☑ 1698 map out　　　～の綿密な計画を立てる

例 They **mapped out** their daughter's future.
（彼らは娘の将来の綿密な計画を立てた。）

その他の熟語

☑ 1699 mark down　　　～を値下げする

例 Summer suits at the shop have been **marked down** by 20%.
（その店のサマースーツは2割引きになっている。）

☑ 1700 measure up to ～　　　～にかなう

例 He didn't **measure up to** the requirements for the job.
（彼はその仕事の条件にかなっていなかった。）

まとめてCheck!　同意語・同意表現をCheck！

live up to ～（～に応える）＝**meet**
look out for ～（～に気をつける）＝**be careful about ～, watch**
make up for ～（～の埋め合わせをする）＝**compensate for ～**
mark down（～を値下げする）＝**cut the price of ～**

必ずおさえておくべき重要熟語

〈動詞＋副詞［前置詞］〉型の動詞句 ⑪

☑ 1701
miss out
(好機などを)逃す

例 I don't want to **miss out** on this chance. (私はこのチャンスを逃したくない。)

☑ 1702
move in
移り住む

例 I found a good apartment and **moved in** last week.
(私はいいアパートを見つけ，先週移り住んだ。)

☑ 1703
opt for ～
～を選ぶ

例 He **opted for** living in the country. (彼は田舎暮らしを選択した。)

☑ 1704
part with ～
～を手放す

例 It is difficult to **part with** luxuries that we enjoy.
(私たちが享受しているぜいたくを手放すことは難しい。)

☑ 1705
pass for [as] ～
～として通る

例 Since I was short, I could **pass for** a child.
(背が低かったので，私は子供として通れた。)

熟語編

RANK

動詞句

その他の熟語

☑ 1706
pass off (as ...)
(偽物)を(…だとして)つかませる

例 He tried to **pass off** the imitation pearl **as** a real one.
(彼は模造真珠を本物だとしてつかませようとした。)

☑ 1707
pass on
〜を伝える

例 I'm glad to **pass on** the good news. (いい知らせを伝えられてうれしい。)

☑ 1708
pay off
〜を完済する

例 I'll **pay off** my student loan next month. (来月で私の学生ローンを完済する。)

☑ 1709
pick up
〜を取りに行く

例 I need to **pick up** the dry cleaning on Saturday.
(土曜日にドライクリーニングを取りに行く必要がある。)

☑ 1710
pile in
どっとなだれ込む

例 As soon as the door of the shop opened, the shoppers **piled in** to get bargains.
(店のドアが開くやいなや, 買い物客がバーゲン品を手に入れようとどっとなだれ込んだ。)

まとめてCheck!	意味をPlus！	pick up

(人)を迎えに行く：I'll **pick** you **up** at five (5時に迎えに行くよ。)
〜を身につける：**pick up** good habits(よい習慣を身につける)
(病気)にかかる：**pick up** the flu(インフルエンザにかかる)
回復する：Sales have **picked up** this month.(今月, 売上が回復した。)

必ずおさえておくべき重要熟語

〈動詞＋副詞［前置詞］〉型の動詞句 ⑫

☑ 1711

play down　　　　　　　　〜を軽視する

例 The company **played down** the negative references to their products.
（その会社は彼らの製品に対する否定的な発言を軽視した。）

☑ 1712

play up　　　　　　　　　〜を大げさに強調する

例 The candidate was **playing up** his positive image on TV.
（その候補者はテレビで自分のプラスのイメージを大げさに強調していた。）

☑ 1713

press for 〜　　　　　　　〜を強く求める

例 They are **pressing for** tax cuts.（彼らは減税を強く求めている。）

☑ 1714

pull over　　　　　　　　車をわきへ寄せる

例 The taxi driver saw a passenger and **pulled over**.
（タクシー運転手は乗客を見て，車をわきへ寄せた。）

☑ 1715

pull through　　　　　　　困難な状況を切り抜ける

例 The doctor was sure that the patient would **pull through**.
（医者はその患者が危険な状態を切り抜けると確信していた。）

熟語編

RANK

動詞句

その他の熟語

☑ 1716 put away ～を片付ける

例 She **put** her dolls **away** before her parents came home.
（彼女は両親が帰って来る前に人形を片付けた。）

☑ 1717 put down ～を書き留める

例 He **put down** what he was told in his notebook.
（彼は言われたことを手帳に書き留めた。）

☑ 1718 put forward ～を提案する

例 The party has **put forward** new plans for education reform.
（その政党は教育改革の新しい計画を提案している。）

☑ 1719 put in ～を費やす

例 You should **put in** a little more effort.（あなたはもう少し努力すべきだ。）

☑ 1720 put off ～を延期する

例 The sports festival was **put off** for a week.（スポーツ大会は1週間延期された。）

まとめてCheck!　同意語・同意表現をCheck！

play down（～を軽視する）=think little of ～

press for ～（～を強く求める）=demand

put away（～を片付ける）=clear, tidy

put down（～を書き留める）=write down

265

必ずおさえておくべき重要熟語

〈動詞＋副詞［前置詞］〉型の動詞句 ⑬

☑
1721
put through
（電話・人）をつなぐ

例 Could you **put** me **through** to the accounting department?
（経理部につないでいただけますか。）

☑
1722
put up with 〜
〜を我慢する

例 I can't **put up with** this noise anymore.（この騒音にはこれ以上我慢できない。）

☑
1723
result in 〜
〜という結果になる

例 Excessive drinking could **result in** liver problems.
（過度の飲酒は肝臓の問題を起こしかねない。）

☑
1724
round off
〜を締めくくる

例 We **rounded off** the dinner with chocolate cake.
（私たちはチョコレートケーキで夕食を締めくくった。）

☑
1725
round up
〜をかき集める

例 He **rounded up** all his staff to prepare for the meeting.
（彼は会議の準備をするためにスタッフ全員をかき集めた。）

熟語編

RANK ♛

動詞句

その他の熟語

☑ 1726

rub ～ in

(嫌なこと)をしつこく言う

例 I know I was wrong, so don't **rub** it **in**.
（私が間違っていたのは分かっているから，しつこく言うな。）

☑ 1727

rule out

～を除外する

例 We cannot **rule out** the possibility that war will break out.
（戦争が起きる可能性は否定できない。）

☑ 1728

run across ～

～に偶然出会う

例 I **ran across** my former teacher yesterday.（昨日, かつての先生に偶然出会った。）

☑ 1729

run down

(機械などが)止まる

例 I noticed the clock in the room had **run down**.
（私は部屋の時計が止まっていることに気づいた。）

☑ 1730

run on

(予想以上に長く)続く

例 The meeting **ran on** into the dinner hour. （会議は長引いて夕食の時間に入った。）

まとめてCheck!　同意語・同意表現をCheck！

put up with ～（～にも我慢する）＝bear, stand

round up（～をかき集める）＝gather up

rule out（～を除外する）＝exclude

run across ～（～に偶然出会う）＝meet ～ by chance, come across ～

必ずおさえておくべき重要熟語

〈動詞＋副詞［前置詞］〉型の動詞句 ⑭

☑ 1731
run out

尽きる

例 The oil field will **run out** in the near future.
（その油田は近い将来枯渇するだろう。）

☑ 1732
run through ～

～にざっと目を通す

例 He **ran through** the wine list. （彼はそのワインリストにざっと目を通した。）

☑ 1733
sail through ～

～に楽々成功する

例 She **sailed through** the university entrance examination.
（彼女はその大学の入学試験に楽々合格した。）

☑ 1734
sell out

自分の主義を曲げる

例 The musician is said to have **sold out** for money.
（そのミュージシャンは金のために信条を曲げたと言われている。）

☑ 1735
send in

～を派遣する

例 The government decided to **send** armed troops **in** to pacify the territory.
（政府はその領地を鎮圧するために武装した軍隊を派遣することを決定した。）

☑ 1736
send on

～を転送する

例 My bag had been **sent on** to the hotel by mistake.
（私のバッグは間違ってホテルに転送されていた。）

☑ 1737
set aside

～を取っておく

例 We need to **set aside** time for discussion.
（私たちは話し合いのための時間を取っておく必要がある。）

☑ 1738
set off

出発する

例 The party of climbers **set off** for the peak early in the morning.
（登山隊は朝早くに山頂に向けて出発した。）

☑ 1739
set out

始める

例 After retiring from the army, he **set out** to write a record of the war.
（退役後，彼は戦記を書き始めた。）

☑ 1740
settle down

落ち着く

例 It took me a while to **settle down** and speak.
（落ち着いて話せるようになるまでしばらくかかった。）

まとめてCheck!	意味をPlus！	sell out

売り切れる：All the tickets have **sold out**.（チケットは全部売り切れた。）
(商品などを)売り切る：We have **sold out** of bread.（パンは売り切れました。）
裏切る：He **sold out** on us.（彼は我々を裏切った。）

熟語編

RANK

動詞句

その他の熟語

必ずおさえておくべき重要熟語

〈動詞＋副詞［前置詞］〉型の動詞句 ⑮

☑
1741 **settle in ～**　　　　　　　　～に定住する

例 They **settled in** the valley 4,000 years ago.
（彼らはその渓谷に **4,000 年**前に定住した。）

☑
1742 **shake up**　　　　　　　　　～を再編成する

例 Electronic books are **shaking up** the publishing industry.
（電子書籍は出版業界を大改革している。）

☑
1743 **shove off**　　　　　　　　　出て行く

例 I have no time to talk with you. **Shove off**!
（君と話をする時間はない。出て行ってくれ！）

☑
1744 **show up**　　　　　　　　　（約束通りに）現れる

例 We waited for her for an hour, but she didn't **show up**.
（私たちは 1 時間待ったが，彼女は現れなかった。）

☑
1745 **sign up for ～**　　　　　　～に参加登録する

例 Please **sign up for** the mailing list.（メーリングリストに登録してください。）

☑ 1746 single out　　　　　～を選び出す

例 She was **singled out** as the best player of the game.
（彼女はその試合の最優秀選手に選ばれた。）

☑ 1747 sit in　　　　　傍聴する

例 Our school's students **sat in** on the city council meeting today.
（今日，我が校の生徒が市議会を傍聴した。）

☑ 1748 size up　　　　　～を見定める

例 The manager **sized up** the situation and ordered the staff to gather.
（マネージャーは状況を見定めて，スタッフに集まるよう指示した。）

☑ 1749 spell out　　　　　～を詳細に説明する

例 He didn't want to **spell out** his wife's illness.
（彼は妻の病気について詳しく説明したくなかった。）

☑ 1750 square up　　　　　借金を返す

例 I must **square up** with you for yesterday's lunch.
（昨日の昼食代を君に清算しなければならないね。）

熟語編

RANK

動詞句

その他の熟語

まとめてCheck!	動詞句をPlus！　sit＋副詞[前置詞]		
sit back	（くつろぐ）	sit up	（（寝ないで）起きている）
sit down	（（仕事に）熱心に取り組む）	sit with ～	（～の世話をする）
sit on ～	（～に着手しない）		
sit out	（～が過ぎるまでじっと待つ）		

必ずおさえておくべき重要熟語

〈動詞＋副詞[前置詞]〉型の動詞句 ⑯

☑ 1751
stand by 〜　　　　〜を支援する

例 She always **stood by** me whenever I was in trouble.
（彼女は私が困っているときはいつでも支えてくれた。）

☑ 1752
stand in　　　　代理を務める

例 I had to **stand in** for my boss when he was out.
（上司がいないときは私が代理を務めなければならなかった。）

☑ 1753
start up　　　　〜を立ち上げる

例 They **started up** their own website to sell goods for elderly people.
（彼らは高齢者向けの商品を売る自身のウェブサイトを立ち上げた。）

☑ 1754
step down　　　　辞任する

例 He **stepped down** as president of the company at 60.
（彼は 60 歳でその会社の社長を辞任した。）

☑ 1755
stick around　　　　しばらく待っている

例 I'll **stick around** here until you finish shopping.
（君の買い物が終わるまでこの辺で待っているよ。）

1756 stick to ～　　　　～を堅持する

例 The people of this town tend to **stick to** their traditions.
（この町の人々は伝統を守る傾向にある。）

1757 stick up for ～　　　　～をかばう

例 You don't have to **stick up for** me.（私をかばってくれる必要はないよ。）

1758 stick with ～　　　　～を最後までやり抜く

例 They decided to **stick with** their original plan.
（彼らは最初の計画を最後までやり抜くことに決めた。）

1759 sum up　　　　～を要約する

例 She **summed up** the current situation simply.
（彼女は現在の状況を簡単に要約した。）

1760 take ～ apart　　　　～を分解する

例 The statue was **taken apart** to be conveyed on the ship.
（その像は船で運ぶために分解された。）

熟語編

RANK

動詞句

その他の熟語

まとめてCheck！ 同意語・同意表現をCheck！
stand by（～を支援する）＝support, back up
step down（辞任する）＝resign
stick to ～（～を堅持する）＝hold fast to ～
sum up（～を要約する）＝summarize

必ずおさえておくべき重要熟語

〈動詞＋副詞［前置詞］〉型の動詞句 ⑰

☑ 1761

take on ～を引き受ける

例 I can't **take on** any extra work today. (今日は残業は引き受けられない。)

☑ 1762

take over ～を引き継ぐ

例 I **took over** his job. (私は彼の仕事を引き継いだ。)

☑ 1763

take up ～に取り掛かる, (任務など)に就く

例 She **took up** the post of manager in April.
(彼女は 4 月に管理職の地位に就いた。)

☑ 1764

talk up ～を大げさにほめる

例 The salesclerk **talked up** the new smartphone model.
(店員はスマートフォンの新機種を大げさにほめた。)

☑ 1765

tear down ～を取り壊す

例 The city decided to **tear down** the old library.
(市は古い図書館を取り壊すことに決めた。)

1766 tell off　　　　　　　　～を叱る

例 The teacher **told off** the student for forgetting his homework.
（先生はその生徒が宿題を忘れたのできつく叱った。）

1767 toss out　　　　　　　　～を捨てる

例 I **tossed out** the old piano when I moved.
（引っ越しをしたときにその古いピアノは捨てた。）

1768 touch on ～　　　　　　～に簡単に言及する

例 I'd like to **touch on** the next subject briefly.
（次の議題について簡単に触れたいと思います。）

1769 touch up　　　　　　　　～を修正する

例 She **touched up** her make-up quickly before the party.
（彼女はパーティーの前にさっとメイクを直した。）

1770 track down　　　　　　　～を見つけ出す

例 The police haven't **tracked down** the escaped prisoner yet.
（警察はまだ脱走した囚人を見つけ出していない。）

まとめてCheck!	意味をPlus！	take on

～を雇う：**take on** new staff（新しいスタッフを雇う）
～と対戦する：**take on** the defending champion（前回優勝者と対戦する）
（客）を乗せる：**take on** a passenger（乗客を乗せる）
～を帯びる：Her face **took on** a sad expression.（彼女は悲しい表情を見せた。）

熟語編

RANK

動詞句

その他の熟語

必ずおさえておくべき重要熟語

〈動詞＋副詞[前置詞]〉型の動詞句 ⑱

☑ 1771

turn away 〜に入場を断る

例 The restaurant had to **turn away** customers due to overcrowding.
（そのレストランは混雑のため客の入店を断らなければならなかった。）

☑ 1772

turn in 寝る

例 She was so tired that night that she **turned in** early.
（その夜，彼女はとても疲れていたので早めに床に就いた。）

☑ 1773

turn out 判明する

例 His opinion **turned out** to be correct.（彼の意見が正しいことが分かった。）
後に (to be) 〜や that 節が続く

☑ 1774

turn to 〜 〜に頼る

例 Now people tend to **turn to** the Internet for information.
（今は人々は情報を得るのにインターネットに頼る傾向にある。）

☑ 1775

turn up 現れる

例 He **turned up** wearing a suit at the casual party.
（彼はそのカジュアルなパーティーにスーツを着て現れた。）

☑ 1776 **wear off**　　　　　　次第になくなる

例 After I took the drug, the pain **wore off**. （薬を飲んだら，痛みが消えていった。）

☑ 1777 **win over**　　　　　　〜を説得する

例 It is difficult to **win over** my father. （父を説得するのは難しい。）

☑ 1778 **work out**　　　　　　〜をよく考える，（解決策など）を見つける

例 You should **work out** your problems yourself.
（自分の問題は自分自身で考えるべきだ。）

☑ 1779 **work through**　　　　（強い感情・問題など）を克服する

例 It took a long time to **work through** my grief over my wife's death.
（妻の死の悲しみを克服するのに長い時間がかかった。）

☑ 1780 **wrap up**　　　　　　（仕事・会議など）を無事に終える

例 We want to **wrap up** this negotiation as quickly as possible.
（私たちはこの交渉をできるだけ早く終わらせたい。）

まとめてCheck!　意味をPlus!　turn in

〜を（警察などに）引き渡す：**turn in** a gun to the police（銃を警察に渡す）
〜を密告する：She **turned** her husband **in**. （彼女は夫を密告した。）
〜を返す：**turn in** library books（図書館の本を返却する）
〜を提出する：**turn in** one's report（レポートを提出する）

RANK 👑

必ずおさえておくべき重要熟語

〈動詞＋A＋前置詞＋B〉型の動詞句 ①

☑ 1781 **accuse A of B**　Aを B で告訴する, A を B のことで非難する

例 The singer has been **accused of** using illegal drugs.
（その歌手は違法薬物を使用したことで告訴されている。）

☑ 1782 **apologize (to A) for B**　（A に）B のことを詫びる

例 We must **apologize to** the customer **for** causing trouble.
（私たちはその客に迷惑をかけたことを謝罪しなければならない。）

☑ 1783 **arrange A for B**　B のために A の手はずを整える

例 He **arranged** a wedding ceremony **for** them.
（彼は彼らのために結婚式の手はずを整えた。）

☑ 1784 **associate A with B**　A を B と関連付ける

例 Workers tend to **associate** time **with** money.
（労働者は時間をお金と関連付けて考える傾向にある。）

☑ 1785 **attribute A to B**　A を B のせいにする

例 The increase in the number of asthmatics can be **attributed to** air pollution.
（ぜんそく患者の増加は大気汚染が原因だと考えられる。）

☑ 1786 ban A from *doing*　　Aに〜することを禁止する

例 The committee **banned** the athletes **from participating** in the Olympic Games.（委員会はその選手たちにオリンピックへの参加を禁じた。）

☑ 1787 base A on [upon] B　　BにAの基礎を置く

例 The movie is **based on** a true story about the war.
（その映画は戦争に関する実話に基づいている。）

☑ 1788 blame A on B　　AをBのせいにする

例 Most traffic accidents are **blamed on** reckless driving.
（ほとんどの交通事故は無謀な運転のせいである。）

☑ 1789 deprive A of B　　AからBを奪う

例 The closing of the theater **deprived** the townspeople **of** a precious pastime.
（その映画館の閉鎖は町民から貴重な楽しみを奪った。）

☑ 1790 devote A to B　　AをBにささげる

例 He is **devoting** a lot of time **to** his studies.
（彼は自分の研究に多くの時間を費やしている。）

まとめてCheck!　**同意語・同意表現をCheck！**

associate A with B（AとBを関連付ける）＝relate A to B
ban A from *doing*（Aに〜することを禁止する）＝prohibit [forbid] A from *doing*
deprive A of B（AからBを奪う）＝rob A of B
devote A to B（AをBにささげる）＝dedicate A to B

必ずおさえておくべき重要熟語

〈動詞＋A＋前置詞＋B〉型の動詞句 ②

☑ 1791

drive A to [into] B

AをBに追いやる

例 The tragic accident **drove** the family **to** despair.
（その悲惨な事故は家族を絶望に追いやった。）

☑ 1792

grant A to B

BにAを承諾する

例 The government didn't **grant** freedom of religion **to** the people.
（政府は国民に信仰の自由を認めなかった。）

☑ 1793

hand A to B

AをBに手渡す

例 I bought an entrance ticket from the vending machine and **handed** it **to** one of the staff.（私は販売機で入場券を買って，スタッフの1人に手渡した。）

☑ 1794

immerse oneself in ～

～に没頭する

例 He **immersed himself in** his writing at the hotel.
（彼はそのホテルで執筆に没頭した。）

☑ 1795

impose A on B

Bに対してAを課す

例 The country **imposed** a tax **on** carbon emissions.
（その国は炭素排出に対して税金を課した。）

☑ 1796 leave A to B　　BにAを任せる

例 The development of the software was **left to** an experienced programmer.
（そのソフトウエアの開発はベテランのプログラマーに任せられた。）

☑ 1797 load A with B　　AにBを積む

例 The truck was **loaded with** a lot of old papers and magazines for recycling.
（トラックにはリサイクル用のたくさんの古新聞古雑誌が積まれた。）

☑ 1798 lose A to B　　AをBに奪われる

例 The local stores **lost** a lot of customers **to** the new mall.
（地元の商店は多くの客をその新しいショッピングモールに奪われた。）

☑ 1799 make A of B　　AをBで作る

例 Every part of the home was **made of** plastic.
（その家のあらゆる部分がプラスチックで作られていた。）

☑ 1800 mean A to B　　BにとってAの重要性を持つ

例 The name of your company seems to **mean** a lot **to** you.
（自分の会社の名前があなたにとってとても重要なようだ。）

まとめてCheck!　**同意語・同意表現をCheck!**

hand A to B（AをBに手渡す）＝pass A to B
immerse oneself in ~（~に没頭する）＝be absorbed in ~
impose A on B（Bに対してAを課す）＝assess A on B
leave A to B（BにAを任せる）＝entrust A to B

熟語編

RANK

動詞句

その他の英語

必ずおさえておくべき重要熟語

〈動詞＋A＋前置詞＋B〉型の動詞句 ③

☑ 1801

press A on B　　　　AをBに押し付ける

例 She **pressed** the cold pizza **on** me. （彼女は私にその冷めたピザを押し付けた。）

☑ 1802

push A into (*doing*) B　　AをBに追い込む

例 Industrialization in the 19th century **pushed** people **into** cities.
（19 世紀の産業化は人々を都市へと駆り立てた。）

☑ 1803

see A as B　　　　　AをBとみなす

例 An increase in blood pressure can be **seen as** a dangerous sign.
（血圧の上昇は危険な兆候だと考えられる。）

☑ 1804

suspect A of (*doing*) B　　AにBの嫌疑をかける

例 The police **suspected** him **of carrying** out the murder.
（警察は彼に殺人の嫌疑をかけた。）

☑ 1805

talk A into (*doing*) B　　Aを説得してBさせる

例 She was **talked into buying** the expensive watch by the salesman.
（彼女はセールスマンに説得されて高価な腕時計を買わされた。）

☑ 1806

trace A (back) to B

Aの原因[由来]をBまでさかのぼって突き止める

例 The origin of saunas can be **traced back to** Finland a thousand years ago.
（サウナの起源は 1000 年前のフィンランドにさかのぼることができる。）

☑ 1807

view A as B

AをBとみなす

例 Most people **view** evolution **as** a linear process.
（ほとんどの人々が進化を直線的なプロセスと考えている。）

熟語編

RANK

動詞句

その他の熟語

まとめてCheck!	同意語・同意表現をCheck！

push A into (*doing*) B（AをBに追い込む）＝push A to *do*
see A as B（AをBとみなす）＝regard [think of] A as B
talk A into (*doing*) B（Aを説得してBさせる）＝persuade A into (*doing*) B
view A as B（AをBとみなす）＝regard [think of] A as B

〈動詞（＋A）＋to *do*〉型の動詞句 ①

☑ 1808

aspire to *do* 　　～することを熱望する

例 She **aspired to** be a doctor. （彼女は医者になることを熱望していた。）

☑ 1809

call A to *do* 　　Aに～するようにと呼ぶ

例 He **called** me **to** help him with his work yesterday.
（昨日，彼は仕事を手伝うようにと私を呼んだ。）

☑ 1810

challenge A to *do* 　　Aの意欲をかき立てて～する気にさせる

例 The teacher **challenged** the class **to** write and stage a new play.
（先生はクラスの子供たちを励まして新しい劇を書かせて演じさせようとした。）

☑ 1811

choose to *do* 　　～することに決める

例 She **chose to** study biology at college.
（彼女は大学で生物学を勉強することに決めた。）

☑ 1812

hate to *do* 　　～することを嫌う

例 I **hate to** speak in front of a lot of people.
（大勢の人の前で話すのは嫌だ。）

☑ 1813

inspire A to *do*

Aを奮起させて〜させる

例 The book **inspired** me **to** start a new business.
(その本で私は新しいビジネスを始める気になった。)

☑ 1814

lead A to *do*

Aに〜するよう仕向ける

例 Modern lifestyles **lead** us **to** neglect matters that take time.
(現代のライフスタイルで私たちは時間のかかる事柄をおろそかにするようになる。)

熟語編

RANK

動詞句

その他の熟語

☑ 1815

lobby A to *do*

Aに〜するよう陳情する

例 They **lobbied** the local government **to** build a park in the town.
(彼らはその町に公園を作るよう地元自治体に陳情した。)

☑ 1816

mean to *do*

〜するつもりである

例 I didn't **mean to** blame you. (あなたを非難するつもりはなかった。)

☑ 1817

motivate A to *do*

Aに〜する意欲を起こさせる

例 The teacher **motivated** the students **to** read more English books.
(先生は生徒たちにもっと英語の本を読む意欲を起こさせた。)

まとめてCheck! 同意語・同意表現をCheck！
aspire to *do*(〜することを熱望する)＝long to *do*
choose to *do*(〜することに決める)＝decide to *do*
hate to *do*(〜することを嫌う)＝dislike *doing*
mean to *do*(〜するつもりである)＝intend to *do*

必ずおさえておくべき重要熟語

〈動詞（＋A）＋to *do*〉型の動詞句 ②

☑ 1818
need A to *do*　　Aに〜してもらう必要がある

例 We **need** our students **to** guide the guest around the college.
（学生にお客様の大学内の案内をしてもらう必要がある。）

☑ 1819
pay A to *do*　　Aにお金を払って〜させる

例 They **paid** the gardener **to** take care of their garden.
（彼らは庭師にお金を払って庭の手入れをさせた。）

☑ 1820
pressure A to *do*　　Aに〜するよう圧力をかける

例 She **pressured** her son **to** become a doctor.
（彼女は息子に医者になるよう圧力をかけた。）

☑ 1821
push A to *do*　　Aに〜するよう強要する

例 The university **pushed** the students **to** go abroad.
（その大学は学生に留学するよう強く促した。）

☑ 1822
strive to *do*　　〜しようと努力する

例 He **strove to** be a perfect teacher.
（彼は完璧な教師になろうと努力した。）

☑ 1823

struggle to *do*　　～しようと奮闘する

例 The company was **struggling to** develop a new medicine.
（その会社は新薬を開発しようと奮闘していた。）

☑ 1824

threaten to *do*　　～するおそれがある

例 The bridge is **threatening to** collapse.（その橋は倒壊するおそれがある。）

☑ 1825

urge A to *do*　　Aに～するよう説得する

例 His parents **urged** him **to** take part in the volunteer activity.
（彼の両親は彼にボランティア活動に参加するよう説得した。）

まとめてCheck!　同意語・同意表現をCheck!
push A to *do*（Aに～するよう強要する）＝force A to *do*
strive to *do*（～しようと努力する）＝make efforts to *do*
urge A to *do*（Aに～するよう説得する）＝persuade A to *do*

熟語編

RANK

動詞句

その他の熟語

287

RANK 必ずおさえておくべき重要熟語

形容詞中心の熟語 ①

☑ 1826

be active in (*doing*) ~	～に積極的である

例 They **are active in volunteering**. （彼らはボランティア活動に積極的である。）

☑ 1827

be [get] carried away	夢中になる

例 I **was carried away** by the new business idea.
（私は新しいビジネスアイディアに夢中になった。）

☑ 1828

be central to ~	～にとって重要である

例 Petroleum **is central to** modern life. （石油は現代生活にとって重要である。）

☑ 1829

be close to ~	～に近い

例 The library **is close to** my house. （図書館は私の家に近い。）

☑ 1830

be committed to ~	～に熱心[真剣]に取り組んでいる

例 Ken **is committed to** the education of poor children.
（ケンは貧しい子供たちの教育に熱心に取り組んでいる。）

☑ 1831

be consistent in ～

～において一貫している

例 She **is consistent in** the way she treats children.
（彼女は子供に対する接し方において一貫している。）

☑ 1832

be eligible to *do*

～する資格がある

例 You **are eligible to** attend the meeting. （あなたにはその会議に出る資格がある。）

熟語編

RANK

動詞句

その他の熟語

☑ 1833

be essential for [to] ～

～にとって不可欠である

例 The ozone layer **is essential to** life on the earth.
（オゾン層は地球の生命にとって不可欠である。）

☑ 1834

be exempt from ～

～を免除されている

例 Those people **are exempt from** paying the tax.
（それらの人々は納税を免除されている。）

☑ 1835

be free of ～

～を免れている，
～が入っていない

例 Our products **are free of** chemicals.
（我が社の製品には化学物質は含まれていない。）

まとめてCheck! 同意語・同意表現をCheck！

be central to ～（～にとって重要である）＝be important to [for] ～
be eligible to *do*（～する資格がある）＝be entitled to *do*
be essential for [to] ～（～にとって不可欠である）＝be vital for [to] ～

必ずおさえておくべき重要熟語

形容詞中心の熟語 ②

☐ 1836 **be guilty of ～** ～の罪を犯している

例 He was found **guilty of** murder. (彼は殺人罪で有罪となった。)

☐ 1837 **be handy for ～** ～に便利である

例 This pouch **is handy for** travel. (このポーチは旅行に便利だ。)

☐ 1838 **be hard on ～** ～を厳しく扱う

例 Tom's boss **was hard on** him. (トムの上司は彼に厳しかった。)

☐ 1839 **be ideal for ～** ～にとって理想的である

例 This bike **is ideal for** long-distance riding.
(この自転車は長距離走行に理想的である。)

☐ 184 **be jealous of ～** ～をねたむ

例 Judy **was jealous of** her friend's success.
(ジュディーは友達の成功をねたんだ。)

☑ 1841 be keen to *do* 　熱心に〜したがっている

例 John **was keen to** know the reason for your absence.
（ジョンはあなたの欠席の理由をとても知りたがっていた。）

☑ 1842 be mad about 〜 　〜に夢中になっている

例 My sister **is mad about** that musician.（妹はそのミュージシャンに夢中だ。）

☑ 1843 be native to 〜 　〜の原産である

例 Tomatoes **are native to** South America.（トマトは南米原産である。）

☑ 1844 be new to 〜 　〜に知られていない

例 That way of cooking **was new to** her.（その調理法は彼女が知らないものだった。）

☑ 1845 be obsessed with 〜 　〜にとりつかれている

例 She **is obsessed with** dieting.（彼女はダイエットにとりつかれている。）

まとめてCheck!　同意語・同意表現をCheck!

be handy for 〜（〜に便利である）＝be convenient for 〜
be jealous of 〜（〜をねたむ）＝be envious of 〜
be mad about 〜（〜に夢中になっている）＝be crazy about 〜
be new to 〜（〜に知られていない）＝be unknown to 〜

熟語編

RANK

その他の熟語

必ずおさえておくべき重要熟語

形容詞中心の熟語 ③

☐ 1846

be open to ～　　　　～に公開されている

例 Some classes at the college **are open to** the public.
（その大学の講座のいくつかは一般に公開されている。）

☐ 1847

be overcome by [with] ～　　～に打ちのめされる

例 She **was overcome by** her son's death.
（彼女は息子の死にすっかり参ってしまった。）

☐ 1848

be prone to *do*　　　　～する傾向がある

例 The homeless **are prone to** suffer from health problems.
（ホームレスの人々は健康の問題を抱えがちである。）

☐ 1849

be reluctant to *do*　　　～したがらない

例 They say that rich people **are reluctant to** have a lot of children.
（お金持ちは子供を多くは欲しがらないらしい。）

☐ 1850

be scheduled to *do*　　～する予定である

例 Mr. Smith **is scheduled to** head to London today.
（スミス氏は今日ロンドンに向かう予定である。）

be sensitive to ~   ~に敏感である
☑ 1851

例 My skin **is sensitive to** the sun.（私の肌は日光に敏感だ。）

be serious about ~   ~に本気である
☑ 1852

例 I became **serious about** figure skating at the age of ten.
（私は 10 歳の時にフィギュアスケートに真剣に取り組むようになった。）

be set in ~   （小説などの舞台が）~に設定されている
☑ 1853

例 The story **is set in** Kobe.（その物語の舞台は神戸だ。）

be straight with ~   ~に正直に言う
☑ 1854

例 You should **be straight with** your parents.（ご両親に正直に言ったほうがいい。）

be true of ~   ~に当てはまる
☑ 1855

例 This **is** especially **true of** farming areas.
（このことは特に農村地帯に当てはまる。）

熟語編 RANK **動詞句** その他の熟語

まとめてCheck!	熟語をPlus！	trueを含む熟語	
be true to ~	（~と一致する）	ring true	（もっともらしい）
be true to ~	（~に忠実である）	too good to be true	（信じがたい）
come true	（（夢などが）実現する）		
hold true for ~	（~に当てはまる）		

RANK

必ずおさえておくべき重要熟語

その他の熟語 ①

☑ 1856 **all but**　　　　　ほとんど〜

例 His grandmother has **all but** forgotten about their family trip.
（彼の祖母は家族旅行のことをほとんど忘れてしまった。）

☑ 1857 **as much**　　　　そのくらい, 同じだけ

例 I expected he would do **as much** for me.
（彼が私のためにそれくらいしてくれると思っていた。）

☑ 1858 **as such**　　　　そのようなものとして

例 She is Tom's girlfriend, and his family treat her **as such**.
（彼女はトムのガールフレンドであり, 彼の家族は彼女にそのようなものとして接している。）

☑ 1859 **at ease**　　　　くつろいで

例 She has a talent for putting anyone **at ease** immediately.
（彼女には誰でもすぐにくつろいだ気分にさせる才能がある。）

☑ 1860 **at risk**　　　　危険な状態で

例 A glass of beer may put someone's life **at risk** when you drive.
（運転するときは1杯のビールが誰かの命を危険にさらす可能性がある。）

☑ 1861

at the expense of ～ 　　～を犠牲にして

例 He became a millionaire **at the expense of** his private life.
（彼は私生活を犠牲にして億万長者になった。）

☑ 1862

by any chance 　　ひょっとして

例 Do you have two tickets for the concert **by any chance**?
（ひょっとしてそのコンサートのチケットを2枚持っていますか。）

熟語編

RANK

☑ 1863

due to ～ 　　～が原因で

例 A lot of people were late for the exam **due to** the accident.
（その事故で多くの人が試験に遅れた。）

☑ 1864

far from ～ 　　～から遠く離れて

例 They were forced to live **far from** their hometown.
（彼らは故郷の町から遠く離れて暮らさざるを得なかった。）

☑ 1865

for all ～ 　　～にもかかわらず

例 **For all** his minor faults, Ben is loved by everybody.
（小さな欠点はあるが，ベンはみんなに愛されている。）

その他の熟語

まとめてCheck! 　同意語・同意表現をCheck！

all but（ほとんど）＝almost
at ease（くつろいで）＝at home
due to ～（～が原因で）＝because of ～
for all ～（～にもかかわらず）＝in spite of ～

必ずおさえておくべき重要熟語
その他の熟語 ②

☑ 1866
for good | 永遠に

例 She made up her mind to leave her country **for good**.
（彼女は二度と祖国に帰るまいと心に決めた。）

☑ 1867
(just) for once | 今回だけ

例 She decided to forgive him **for once**. （彼女は今回だけは彼を許そうと決心した。）

☑ 1868
for sure | 確実に

例 I'd like to know **for sure** how many people will participate.
（私は参加者が何人になるのかを確実に知りたい。）

☑ 1869
for the time being | 差し当たり

例 I don't need the money **for the time being**.
（差し当たり私にはそのお金は必要ない。）

☑ 1870
in a row | 連続して

例 The team has won the championship three years **in a row**.
（そのチームは 3 年連続で優勝している。）

1871 in a rush

大急ぎで

例 The little boy followed his mother **in a rush**.
（男の子は大急ぎで母親の後を追った。）

1872 in charge of ～

～を担当して

例 I'm **in charge of** walking our dog every day. （私は毎日犬を散歩させる係だ。）

1873 in contrast

それに引き換え

例 It was cold yesterday, but **in contrast**, it's warm today.
（昨日は寒かったが，それに引き換え今日は暖かい。）

1874 in favor of ～

～を支持して

例 A lot of workers voted **in favor of** the president.
（多くの労働者が大統領を支持して投票した。）

1875 in person

じかに

例 Have you ever met your company's president **in person**?
（あなたの会社の社長にじかに会ったことはありますか。）

熟語編

RANK

動詞句

その他の熟語

まとめてCheck!	同意語・同意表現をCheck！
for good（永遠に）＝forever	
for sure（確実に）＝for certain	
in a rush（大急ぎで）＝in a hurry	
in person（じかに）＝personally	

必ずおさえておくべき重要熟語

その他の熟語 ③

☑ 1876
in question | 当該の

例 This is the site **in question**.（ここが例の場所です。）

☑ 1877
in reserve | 蓄えてある

例 We have some canned food **in reserve**.
（私たちは缶詰をいくつかストックしている。）

☑ 1878
in response to 〜 | 〜に応えて

例 The company increased its production **in response to** the customers' demands.（会社は顧客の要望に応えて生産量を増やした。）

☑ 1879
in shape | 健康で

例 You look **in shape** these days.（最近調子がよさそうですね。）

☑ 1880
in short | 要するに

例 **In short**, we should change rooms with them.
（要するに，私たちは彼らと部屋を取り換えなければならない。）

1881 in terms of ~   ～の観点で

例 He is reliable **in terms of** work attendance.
（出勤状況から見れば，彼は信頼できる。）

1882 in [over] the course of ~   ～の間に

例 The village has changed **in the course of** the past twenty years.
（過去 20 年の間に村は変わった。）

1883 in the event of ~   万一～の場合には

例 **In the event of** a crash, the body of this car will protect passengers.
（万一の衝突事故の場合には，この車の車体が乗客を守る。）

1884 in the face of ~   ～に直面して

例 They got together **in the face of** the common enemy.
（彼らは共通の敵に直面して団結した。）

1885 in the meantime   その間に

例 **In the meantime**, please fill out this form.
（その間に，この用紙に記入してください。）

熟語編 / RANK

その他の熟語

まとめてCheck!	熟語をPlus！	faceを含む熟語	
face to face	（面と向かって）	set one's face against ~	（～に断固反対する）
lose face	（面目を失う）	stuff one's face with ~	（～をたらふく食べる）
save face	（面目を保つ）		
show one's face	（姿を見せる）		

必ずおさえておくべき重要熟語

その他の熟語 ④

☑ 1886
in turn
その結果

例 He bought a new piano. The old piano, **in turn**, was sold to a recycled goods shop.
（彼は新しいピアノを買った。古いピアノは、その結果、リサイクルショップに売られた。）

☑ 1887
make do (with ～)
（～で）間に合わせる

例 I had to **make do with** my mother's dress for the ceremony.
（私はその式に出るのに母のドレスで間に合わせなければならなかった。）

☑ 1888
make it
やり遂げる

例 We were able to **make it** without his help.
（私たちは彼の手助けなしにやり遂げることができた。）

☑ 1889
on a ～ basis
～方式で

例 I worked there **on a** part-time **basis**.（私はそこでパートタイムで働いた。）

☑ 1890
on display
展示されて

例 That painting is **on display** in the museum now.
（その絵は今、美術館で展示されている。）

☑ 1891

on hold

（電話が）つながった状態で待って

例 I put him **on hold** and called my mother.
（私は彼からの電話を保留にして母を呼んだ。）

☑ 1892

on the spot

即座に

例 She said goodbye to him **on the spot**. （彼女は即座に彼に別れを告げた。）

熟語編

RANK 王冠

動詞句

☑ 1893

on the verge of ～

～の瀬戸際にいて

例 He was **on the verge of** bankruptcy. （彼は破産寸前だった。）

☑ 1894

or so

～かそのくらい

例 I waited for them at the station for forty minutes **or so**.
（私は 40 分かそのくらい彼らを駅で待った。）

その他の熟語

☑ 1895

out of date

時代遅れの

例 She says this watch is **out of date**. （この時計は時代遅れだと彼女は言う。）

まとめてCheck!	意味をPlus！　make it

間に合う：I took a taxi, so I **made it**.（タクシーに乗ったので間に合った。）
成功する：She **made it** big as a singer.（彼女は歌手として大成功した。）
（病人などが）よくなる：He **made it** because of the new drug.（彼はその新薬でよくなった。）

必ずおさえておくべき重要熟語

その他の熟語 ⑤

☑ 1896

regardless of ～　　　～にかかわらず

例 We employ ambitious persons **regardless of** age or sex.
（我が社は年齢や性別にかかわらずやる気のある人を雇用する。）

☑ 1897

so much for ～　　　～はこれくらいにして

例 **So much for** this TV show.（このテレビショーはもうこれくらいにしよう。）

☑ 1898

the other way around　　逆の方向に

例 I thought she would think **the other way around**.
（私は彼女が逆の方向に考えると思っていた。）

☑ 1899

to the point of ～　　　～するところまで

例 No one wants the two countries to get **to the point of** war.
（両国が戦争にまで至ることは誰も望んでいない。）

☑ 1900

up to ～　　　～まで

例 We decided to donate **up to** three million yen for the plan.
（私たちはその計画に 300 万円までなら寄付することに決めた。）

熟語編の学習記録をつける

覚えたことを定着させるには、「くりかえし復習すること」がたいせつです。熟語編の学習を一通り終えたら、下の学習記録シートに日付を書きこみ、履歴を残しましょう。

1	2	3	4	5	6	7	8	9	10
/	/	/	/	/	/	/	/	/	/

11	12	13	14	15	16	17	18	19	20
/	/	/	/	/	/	/	/	/	/

21	22	23	24	25	26	27	28	29	30
/	/	/	/	/	/	/	/	/	/

31	32	33	34	35	36	37	38	39	40
/	/	/	/	/	/	/	/	/	/

41	42	43	44	45	46	47	48	49	50
/	/	/	/	/	/	/	/	/	/

MEMO

単語編 さくいん

※この本に出てくる見出し語をアルファベット順に配列しています。
※数字は見出し語の掲載順の番号です。

D
E

L
M
N
O

Q

R

P
Q
R

S
T
U

V

W

Y

オフィシャルサイト
英検の勉強法やお役立ち情報はこちらから
https://eiken.gakken.jp/

読者の声 投稿フォーム
本書についてのご感想・ご意見はこちらから
https://eiken.gakken.jp/voices/

合格体験記 投稿フォーム
合格体験記募集中！
学研の WEB サイト等に掲載された方は
図書カード 2,000 円分がもらえます
https://eiken.gakken.jp/goukaku/

ランク順 英検準 1 級英単語 1900

PRODUCTION STAFF

データベース構築・データ監修
赤瀬川史朗(Lago言語研究所)

ブックデザイン
高橋明香(おかっぱ製作所)

キャラクターイラスト
関谷由香理

イラストレーション
中野ともみ

編集協力
日本アイアール(株)

制作協力
大川努, 小林等

英文校正
Christopher Clyne

アプリ制作
(株)ジャパン・アド・クリエイターズ

組版
(株)四国写研

印刷
(株)リーブルテック